U1013862

你一定爱玩的侦探推理游戏

王海山◎编著

中国友谊出版公司

图书在版编目（CIP）数据

你一定爱玩的侦探推理游戏 / 王海山编著. — 北京 : 中国友谊出版公司, 2019.1（2019.8 重印）

ISBN 978-7-5057-4549-0

Ⅰ. ①你… Ⅱ. ①王… Ⅲ. ①智力游戏－通俗读物 Ⅳ. ① G898.2

中国版本图书馆 CIP 数据核字（2018）第 266444 号

书名	你一定爱玩的侦探推理游戏
作者	王海山　编著
出版	中国友谊出版公司
发行	中国友谊出版公司
经销	新华书店
印刷	天津旭丰源印刷有限公司
规格	700×980 毫米　16 开 16.5 印张　210 千字
版次	2019 年 3 月第 1 版
印次	2019 年 8 月第 3 次印刷
书号	ISBN 978-7-5057-4549-0
定价	42.80 元
地址	北京市朝阳区西坝河南里 17 号楼
邮编	100028
电话	（010）64678009

如发现图书质量问题，可联系调换。质量投诉电话：010-82069336

前言

这是一本你一定爱看的侦探推理游戏书，同时也是每一个渴望拥有独立思考能力的人不得不读的一本书。为什么不得不读？跟当下这个时代的特征有关。当下的这个时代我们可以用不同的词语来从几个侧面加以描述，颇有一些“横看成岭侧成峰”的感觉。但是有一个关键词，是不管从哪一个侧面看都不能忽视的，那就是“网络化”。身处在网络化的时代，我们享受这个时代带给我们的红利。这些好处自不必细说，我们只说“网络化”时代，我们需要警惕的一面，这就是：网络正在让我们变得越来越傻。这绝不是在耸人听闻。早在2010年前后，《哈佛商业评论》原任执行主编尼古拉斯·卡尔曾经公开发问：“谷歌正在把我们变傻吗？”后来他又以这篇文章为核心，创作了《浅薄：你是互联网的奴隶还是主宰者》这本世界级的畅销书。他的核心观点就是：在互联网的改造下，未来的人将会更加擅长多任务处理，但是精力却更加分散，变得浅薄。这种浅薄会让我们逐渐丧失专注、深入和独立思考的能力。简单来说，它会让我们变得越来越傻。当然，面对这种情况我们既不能仓皇逃离，也不能听之任之。所以，很多聪明人开始选择以人类特有的方式对抗来自互联网的毒害。他们开始有意识地训练自己深度和独立思考的能力。而推理游戏就是这种思维训练当中最为有效的方式之一。所以，这本《你一定爱玩的侦探推理游戏》是每一个想要逃离浅薄、主宰自己的人应该读的。

书中汇集了古今中外最为经典的推理故事。我们按照推理思维的内在逻辑选出新奇、精致，逻辑性强的精品，然后再加以情节化的演绎，让这些侦探推理故事在锻炼我们的观察能力、分析能力、推理能力和想象能力的同时，又带有强烈的代入感和沉浸感。读者在锻炼大脑的同时，还可以感受到故事的惊心动魄和推理的波诡云谲。除此之外，本书还在成书体例和内文的结构上做了全新的设计，以期在逻辑上更加贴合大脑的内在思考方式。在形式上，进一步增强了游戏的代入感和沉浸感。

游戏环节更是让人欲罢不能，为了使读者收获沉浸式的游戏体验，我们把这些悬念迭出、惊险刺激的侦探推理故事做了全新的演绎。首先是场景构筑，在重新构筑的游戏场景中我们尽可能凸显故事的推理部分。然后是头脑机关匣，这个匣中是破解迷局最为关键的线索，是为了防止思维的惰性让我们直接翻看解密复盘部分来作弊。我们把解密复盘部分放在了每个故事的最后，但是读者仍可以通过头脑机关匣当中的线索激活大脑，通过自己的努力探知真相。一来能够最大限度地锻炼大脑，二来通过自己的努力而得到的真相，带给我们的成就感也是杠杠的。

那么，让我们一起踏上探寻真相的旅程吧。让我们一起进入全新场景构筑，通过头脑机关匣的启示做出自己的判断。而后再通过解密复盘了解自己在推理过程中的优势和不足。相信这将会是一本“你一定爱玩的侦探推理游戏”书。

目录

员工卡藏玄机

场景构筑

查尔斯是大型跨国公司安保部门的经理，特种部队退役的他在这家公司上班已经十年了。他工作的重点是保护公司的一个核心开发部门，这个部门掌握着公司的高度机密。所以这里的安保级别也特别高，平时由查尔斯这个安保经理亲自坐镇，多名安保人员二十四小时监守。每个内部人员都持有公司发的含特殊芯片的员工卡，需要刷卡才能进入。

一个周六的上午，查尔斯在办公室准备部署公司成立三十年庆祝晚宴的安保工作时，收到了核心开发部门保安打来的紧急求助电话，说有一个身份不明的人试图进入公司内部，已被临时扣押，请他赶往现场处理。查尔斯放下电话就匆忙赶往现场，那个试图进入的人已经被带到了保安室。查尔斯并没有直接进去见这个人，而是先找值班的保安了解情况。值班的保安说，从来没有见过这么胆大的人，拿着一个假的员工卡就敢这么大摇大摆地往里进。被抓住之后还一副理直气壮的样子，嚷着要见领导，还说要投诉我们。

因为是周六，核心开发部门的员工大部分都在家休息。就算是有个别加班的也不会这么早来。这个年轻人却一大早就来了，直接就用员工卡刷开了门禁，走过保安跟前的时候还特意把员工卡举到保安的眼前让他检查。原本保安是不太会检查员工卡的，因为只要能顺利刷卡的人，都不太可能是外人，他们一般也都不会特意检查。老员工也不会特意把自己的员工卡举给保安看。

谁都没想到，这一看还真的就看出问题了，上面盖的公司章跟别人的都不一样。

保安一边汇报，脸上满是掩饰不住的不屑：

“也不知道是谁给他的自信，就连造假也不够专业呀，你好歹也得弄一个差不多一样的公章吧。就这水平，被拦住以后一个劲儿地叫嚷要见领导，还威胁我们要投诉。这人是不是脑子有问题呀？”

查尔斯听完值班保安的汇报，脸色越发地阴沉，严肃地告诉保安：

“事情可能没那么简单，你知道他是怎么刷开门禁的吗？”

保安一听，脸上的嘲弄神色当时就僵住了，马上意识到问题的严重性：能够轻易刷开他们这种特制的门禁，这张员工卡就绝对不会那么简单。至于为什么这么难的技术都解决了，却在公章这么显眼的地方犯这种低级错误，还真是百思不得其解。这也是查尔斯纳闷儿的问题，答案也只能从这个试图混入的人身上去寻找了。

他们走进保安室的时候，这个高高大大的年轻人还是一脸的怒气。见到查尔斯进来，马上冲他嚷道：

“你就是安保部门的负责人吧？我告诉你，我可是公司重金聘请来的。却被你们挡在了门外，还把我关在这里。你们凭什么这么对待我？你是不知道公司费了多大的劲儿才把我请来！再这么阻拦，你们都会付出代价的。”

作为专业的安保人员，面对对方的吼叫，查尔斯依然保持着职业的微笑和礼貌：

“对不起先生，请出示一下您的员工卡。”

对于查尔斯要看员工卡的要求，年轻人也不以为意，大剌剌地把自己的员工卡递了过去。查尔斯接过员工卡一看，瞬间就惊出了一身冷汗，心想不管这个人到底是干什么的，如果他早来两个月的话，他可能早就已经进去了。

那自己的职业生涯也就到头了。查尔斯马上用冷冰冰的语气说：

“你的员工卡没有任何问题，可惜你来晚了两个月。现在你需要跟我去一趟警察局，我想他们会告诉我你的真实身份的。”

你能想到这个年轻人的纰漏到底出在哪里了吗？

头脑机关匣

这个年轻人的纰漏就出在他那个员工卡上。而且这个纰漏有几个特征：第一，一定是很显眼的，不然门口的保安不可能一眼就看出来了；第二，这个纰漏是在不久之前才成为漏洞的，不然那个年轻人就不可能那么理直气壮；第三，这个纰漏跟内置的安全芯片无关，不然他也不可能这么轻易就刷开了门禁。有了这几个提示，应该可以想到这个年轻人的纰漏是出在什么地方了吧？

解密复盘

查尔斯看到对方递过来的员工卡，心中禁不住一阵发寒。虽然不知道这个年轻人的真实身份，但是很显然他是下了一番功夫的。就光凭那个能刷开门禁的内置安全芯片，就绝对不是一般人能够做到的。但是巧合的是，他们部门的人事公章在两个月之前刚刚做了改动。而这个年轻人手里的员工卡显然是在这之前制作的，上面盖的还是已经作废了的公章。所以值班保安一眼就看出这个员工卡上的不同，制止了年轻人的进入并报告了查尔斯。而这个年轻人并不知道这些，他坚信自己手里的员工卡跟真的没有两样，所以说话时才会那么理直气壮。

蜂蜜里的老鼠屎

场景构筑

孙亮是三国时代东吴孙权的儿子，他头脑聪明，是吴国的皇位继承人。

这年仲夏的一天，孙亮带着众人在西苑游玩。西苑风景如画，有山有水，园子里也种有许多果树。虽是仲夏，果木比不上春天的树木花团锦簇，但是那挂在枝头的青梅也是另有一番风趣！还有一些果子看起来快要成熟了。孙亮走到这里感觉有点疲倦，他命太监摘一个青梅过来尝尝鲜。一番游览走得有些燥热，心想吃点酸的东西开开胃提提神也不错。太监赶紧从树上摘了最大的果子洗干净奉上。孙亮拿起青梅轻轻地咬上一口，还没来得及下咽，此刻酸味已经溢满了整个口腔，禁不住眉头都皱了起来。旁边的太监看到孙亮紧皱的眉头，赶紧上前说道：

“主公，现在的季节吃青梅有点早，所以有点酸。如果拿青梅蘸上蜂蜜吃，风味肯定很别致，吃起来也会酸甜可口。”

孙亮一听觉得这倒是值得一试，就命他去宫中找库管取蜂蜜。

太监拿了一个带盖子的银碗去找库管，库管听说主公要蜂蜜，赶紧命人取出蜜罐给银碗满上。孙亮手中拿着青梅正在等候，太监从远处快步走来，把银盖碗递到孙亮的手中，说：“主公，这样蘸着吃，一定别有一番风味。”孙亮把银盖碗的盖子拿起放到一边，打算用青梅蘸蜂蜜，手中的盖子刚放下，他突然看见黄澄澄的蜂蜜里有颗老鼠屎。自己要吃的东西里面竟然有这么恶心的东西，孙亮的火一下子就起来了。他把手中的青梅扔到地上，怒声质问太监：

“好大胆子，你取的好蜂蜜，里面竟然有老鼠屎。你恶心我！”

太监听到这里，赶紧跪下回话：

“奴才不敢，奴才知罪！奴才拿的是带盖子的银碗，库管放的蜂蜜，中间奴才不曾打开查看。是我不够小心，但是碗里出现老鼠屎奴才确实也不知情，请主公明察。”

孙亮命人把库管叫过来，让他带上刚才倒蜂蜜的蜜罐。库管听说主公让他赶紧前往，不知道出了啥事，赶紧抱了蜜罐来见孙亮。看到孙亮脸色难看地站在那里，库管赶紧到他面前跪下。孙亮说：

“本王信任你，让你看管库房。这下可好，本王想吃点蜂蜜，竟然在蜂蜜里看到了老鼠屎，你可知罪？”

库管听说蜂蜜里出现了老鼠屎，他吃惊地辩解：

“下官知罪，但是听说主公要吃蜂蜜，倒蜂蜜的时候是我亲自倒的。”

库管说，当时没有发现老鼠屎。自己负责看管库房，平时尽心尽力，蜂蜜的罐子一直都是密封好的，不会有老鼠或者老鼠屎能掉进罐子里。孙亮情绪稍微缓和了下，他看到库管怀中抱着的蜂蜜罐子，密封得很严实，按说不会掉进去任何东西。

银盖碗就经由二人的手，现在库管和太监互相推脱责任，都不承认蜂蜜在自己的手中出现问题，这让孙亮很气愤。他决心彻查此事，在场的刁玄、张邠都说应该让司法处来查明，孙亮却说不用麻烦，自己当下就能分辨出到底谁说了假话。他询问库管：“你和太监有什么恩怨没有？”库管说：“没有什么个人恩怨，之前有次太监想把宫中的席子拿来私用，这不符合规矩，就没有给他。”听到库管说的话，孙亮明白了，这次是太监故意栽赃报复库管，想借助自己的手整治库管。太监哪里肯承认是他放进去的老鼠屎？孙亮也不听他分辩，只是说了一句话，然后有人就把老鼠屎拿出来做验证。太监看到这样的结果，无法争辩，只能叩首认罪。旁边的臣子手下看到孙亮如此断案，顿时觉得孙亮才智过人，智商不一般。请问孙亮是怎样断定的，到底是谁在蜂蜜中放的老鼠屎呢？

头脑机关匣

破解这个迷局需要一定的常识，按照场景构筑当中的描写，如果库管管理不善导致蜂蜜当中掉进了老鼠屎的话，那就意味着这颗老鼠屎已经在蜂蜜中浸泡很久了。如果是奉命回去取蜂蜜的太监搞的鬼，那这颗老鼠屎在蜂蜜里浸泡的时间就很短。想象一下：一颗干燥的老鼠屎在蜂蜜里浸泡一段时间会发生什么样的变化？想明白了这一点，你离真相就不远了。

解密复盘

孙亮见二人都不肯承认，就命人把老鼠屎掰开。结果发现老鼠屎外面是湿润的，但是里面是干燥的，所以就断定是太监捣鬼陷害库管。如果老鼠屎是早就掉进了蜜罐的话，那么肯定内外都是湿润的。

到底哪个是贼

场景构筑

前秦时，苻融曾担任冀州刺史。有天傍晚，外面闹哄哄地进来一群人，原来是众人捉了抢劫的贼人前来报官。苻融升堂审讯，才弄明白事情的缘由。原来就在刚才，一个老婆婆在路上遇见了抢劫的强盗。强盗用刀顶在老婆婆的身后，强迫她拿出钱财首饰。被人用刀威胁，老婆婆不敢反抗，就把自己的钱财和首饰都交给了强盗。抢劫得手后，强盗随即向前跑去。此时老婆婆不甘心自己一下子损失了这么多钱财，一看周围的田地里还有农夫在干活，就大声呼喊捉贼。一个过路的人听见了老婆婆的呼喊，就飞奔前去捉贼。老婆婆的呼喊惊动了田间的许多人，他们都前来相助。等到众人追赶到跟前，只见两个人在地上正扭打成一团，这两个人都喊周围人相助捉贼。众人一看，钱财和首饰散落在路边。这两个人都说自己是好人，这可怎么办？等到老婆婆赶到时，大家让她分辨。老婆婆一看，自己也蒙了。事情发生得突然，自己的眼睛花，再加上听力也不好，竟然无法分辨到底哪一个是强盗。众人一看，这可怎么办？不能轻易放走强盗，也不能随便冤枉了好人，众人只好把二人都带到官府，请大人前来分辨。

苻融看看眼前的两个人，都说捉贼捉赃，赃物就在地上，但是都不承认。苻融对堂下的众人说道："我以为是多难的事情嘛！这个比较简单，让他们两个人一起跑到凤阳门，差人们后面跟着，看看他们哪一个跑得快。跑得慢的给我抓回来。"众人听到这里顿时议论纷纷，说哪有这么断案的，分明是糊弄人。过了不一会儿，跑得慢的就被抓回来了。刚开始他还不承认，苻融只说了一句话，这个人顿时就哑口无言了，乖乖地承认自己就是抢劫的强盗。你能想到苻融对他说了什么吗？

头脑机关匣

看起来苻融这种断案方法好像有一些荒唐，但是如果想要知道苻融对强盗说了什么，不妨在脑子里还原一下追贼的场景。想到这个场景就会明白，为什么要把跑得慢的那个人抓起来了。这当中的逻辑，就是苻融跟强盗所说的话。在无可辩驳的逻辑面前，那个强盗就只能俯首认罪了。

解密复盘

苻融根据他们的叙述得知，抢劫者先跑，帮忙的人听到老婆婆的喊声才开始追。那么好人肯定跑得比较快，不然也追不上逃跑的强盗。让他们赛跑，其实也是找出谁跑得快、谁跑得慢。

送给议员的珠宝

场景构筑

税务官汤姆负责一处税卡的管理工作，向来往的商人征收税金。寒冬将近，大道上的行人越来越少。汤姆正跟几个下属一起窝在税卡旁的小屋子里取暖，这时有一队人慢慢地走到了税卡前。二三十人赶着十几辆大车，但是车上空荡荡的，不见任何货物。领头的是一个穿着华丽的中年胖子，带着后面的十几辆大车站在关卡前等着。汤姆走到关卡外对着十几辆大车进行检查，却不禁犯了难。按照规定，他们需要对过往的货物按照价值征收百分之五的税金，但是现在这二三十人、十几辆大车，却不见任何货物，自然也就不能收税了。

汤姆逐个检查车辆，却见那个中年胖子身边的那辆车上放着不大不小两个箱子，分量十分沉重。汤姆揭开盖在箱子上的雨布，却看到箱子上贴着封条。中年胖子看见汤姆要检查这两个箱子，就赶忙上前说这两个箱子里面装的都是珠宝，是本地的一位大法官托他转送给某位议员的。害怕中途有人私自打开，所以特意贴上了本地法院的封条。既然是法官送给议员的礼物，不是经商所得，自然也就没有征税的道理。汤姆也只好让人放行。而当这些人刚刚走过关卡的时候，汤姆却突然对下属喊道：

“赶紧把这些人拦下，我不仅要收他们的税金，还要收他们逃税的罚金。”聪明的你，知道汤姆想到什么了吗？

头脑机关匣

事情的玄机还在“情理”这两个字当中，回想场景构筑当中这个领头的中年胖子所说的话，想一想里面有没有什么不符合常理的地方？也许破解谜题的关键线索，就藏在这些不符合情理的叙述当中。

解密复盘

汤姆只是负责看守关卡的小税务官，一听说这些珠宝是大法官送给议员的礼物，不管是送礼的还是收礼的都不是他能得罪得起的，心中不免紧张，一时来不及细想就赶紧放他们过去了。但是等他们走了之后，他冷静下来一想这事儿太不合常理。大法官送如此大量的珠宝给议员，如果是出于公事，他们有专门的渠道；如果是私人送礼，这种事儿生怕做得不够周密，又怎么会委托一个走南闯北的商人来办呢？于公于私这事儿都是不可能的。唯一合理的解释就是箱子里的珠宝是商人贩卖货物挣的钱，这不过是他为了逃税而捏造的一个借口而已。想明白这些的汤姆赶紧把这些人追了回来，经过仔细的调查之后，这个企图逃税的商人不得不交足了税金和相应的罚款。

以假乱真的谋反信

场景构筑

唐朝武则天当政期间，很多地方动荡不安。朝堂上下人心惶惶，一些人就虚构罪名，诬陷好人，以达到不可告人的目的。这种事情也发生在湖州刺史裴光的身上。湖州佐史江琛和裴光素有嫌隙，有天他拿着一封写给徐敬业的谋反信指控裴光犯有谋反罪。徐敬业当时被武则天定了谋反罪，和徐敬业有书信来往自然一样会被定为谋反。武则天看到这封信后很是震怒，命御史前去处理这个案件。

裴光当时还不知发生了什么事情，当御史把书信拿给他看的时候，他言辞激烈地说："这封信的字是我写的，但是信上表达的内容不对，不是我说的话。我没有写过这样一封信。"出于对裴光品行的了解，大家也相信他不会写下谋反的信。但是笔迹又是裴光的，这又让人不得不信。无论怎样审问，裴光一口咬定自己是被人诬陷的，这个案子始终没有定下来。就这样一连换了三个御史审理此案，都一样结不了案。这下子武则天愤怒了，她既不能放过乱党，但是也不能证据不全就随便定罪，这样容易使朝堂上的大臣们寒心。

正在为难之际，有人给武则天推荐了御史张楚金。武则天就命张楚金尽快审理此案，但是却没给他之前审案的记录，让他重新审理。张楚金知道这个案子到自己手里，武则天的耐心已经到了极限。但是审讯裴光的结果和之前仍是一样，裴光只承认笔迹是自己的，但是那封谋反信确确实实不是自己所写。案子审理了好几天还没有新的进展，这可让张楚金为了难，他苦苦思索怎样才能找到案子的突破口。如果真如裴光所说信不是他所写，但是笔迹又是他自己的，这又会是怎样的一种情况？在室内来回转悠的张楚金手中拿着那封信都看好几十回了，也没看出端倪，走累了就躺倒在床上打算休息一会儿，这时西面的阳光照进室内，房间格外明亮。他躺在床上拿出那封信正好面对着阳光，明亮的阳光照在信纸的背面。正在认真看信的张楚金无意当中发现每个字中间存在着明显的明暗变化，有字的地方明显要暗一些，就算是笔画中间没有墨的地方也会显得比较暗。而字与字之间却明显比别的地方明亮很多，虽然这个明亮的暗淡看起来非常细微，但是细看之下还是不难发现。这也只能说是机缘巧合，如果不是逆着这么强烈的光线看信的话，怕是很难有此发现。

有了这个发现，张楚金顿时心头大喜，他当即命人把州以及县的官吏们都叫到大堂之上，然后命人取来了一个装满水的大盆子。众人不知道发生了什么事情，只能满怀疑虑地看张楚金把铁证的那封信扔进了水盆里，众人大惊失色。张楚金告诉大家不要惊慌，事情的真相就要出来了。真相果然在几分钟后就显现了，大家顿时不住称赞。你知道为什么张楚金要把那么重要的谋反信往水盆里扔吗？他又是怎么让大家看到真相的呢？

头脑机关匣

想要知道一向谨慎的张楚金为什么有那么大的胆子敢把谋反信往水盆里扔，就要仔细回顾一下他在强光下看信时的细节。想明白为什么会出现这些细节，就明白张楚金把谋反信往水盆里扔的原因了。你完全可以想象得到，这封信在水里浸泡一会儿之后会出现什么样的情况，答案就呼之欲出了。

解密复盘

思考张楚金在逆着强光看信时的场景，可以发现信上的这些字并不是直接用笔墨写在纸上的，而是把别人写好的字剪下来，然后小心仔细地粘在另外一张纸上。也就是说，这封谋反信是有心人特意拼凑而成的。发现了信是细心粘贴而成之后，张楚金把信扔到水盆里，只不过一会儿，粘贴的字就一个个散开了，漂在水盆里。这就断定了字是裴光所写，但是整封信却是江琛弄假而成的。张楚金把具体情况报告给武则天，武则天就宣布裴光是清白的。她先是命人杖责了江琛，随后为了警示那些诬陷的人，处死了江琛。

智断二人争绢案

场景构筑

西汉时期，薛萱就任临淮县令，这期间的一天上午毫无征兆地下了一场大雨，快到中午的时候天气就放晴了。雨过初晴，空气十分清爽，薛萱端坐堂上看公文，这时外面吵吵嚷嚷地进来两个人，都是布衣打扮，一个略微年轻，一个年长有胡子。二人手中各持着一匹绢的一头，边走边争论不休，互相指责对方。

二人见到薛萱都着急说对方是骗子，想讹诈自己手里的绢。薛萱见到二人都抢着讲话，就命年长的人先说。年长的说他自己是个小贩，一大早背着一匹绢打算进城到集市上去卖。没承想走到半路时天忽然下起雨来，他爱惜自己的绢，就抱在怀里继续走，但是雨越来越大。前不着村后不着店，四下看看也没有避雨的地方。无奈之下，只能把绢打开披在身上遮雨前行。这时从远处跑过来这个年轻人，他身上都快被雨淋湿了。等跑到自己身边时，年轻人停了下来，请求用绢一同遮下雨。绢比较长，所以年长的人就让年轻人扯着另一头一同遮雨，二人一起在雨中前行。走了好大一会儿，雨才停了，太阳出来了。被太阳一晒，绢也快干了，年长者打算把绢收起来到集市上去换钱。这时请求遮雨的年轻人不干了，说绢是他的，他要把绢带走去集市上卖。年长的最后说："这个年轻人不讲道理，我帮了他，他还想讹诈我的绢。"

薛萱听完年长者的表述，就让年轻人说具体情况。年轻人讲述一遍，他也是这样讲的，只不过说自己是绢的主人，年长的人想来骗自己的绢。薛萱询问了好几次，也没有发现他们中间谁有破绽，都能把绢的细节讲述得很清楚。双方在公堂上各执一词，都说对方是骗子。最后薛萱不耐烦地说："你们二人可真是，一匹绢能值几个钱？你们为了这些芝麻小事在公堂上争论不休，耽误我办大事。这样吧，把绢分成两段，一人一半，都给我走人。"二人见县令生气了，不敢多言语，官吏们把绢从中间裁开分别扔给他们二人，二人无奈只好抱绢转身走了。薛萱见二人走远，赶紧命手下的差人，换成老百姓的衣服，远远地跟在二人的后面，听听二人说些什么，然后听出问题就把二人带回来。过了没多久，差人带二人前来复命，这时薛萱对着堂下的二人说："你们各自的行为我都掌握了，骗子还不赶紧认罪！"听到县令这样说，堂下的年轻人就知道事情败露，当场认了罪。

头脑机关匣

这起案子不好断的原因是没有人可以做证，绢的细节二人都清楚，二人讲述都丝毫不差。要想找到事情的真相就只能另辟蹊径，从别的角度来寻找线索。这时候不妨运用一下假定思维，想想什么情况下这两个人才能毫无顾忌地表达自己的情绪和想法，判案者就能从他们的反应中发现端倪。现在就想想制造一个什么样的假象能够让他们吐露实情，这就是找出真相的关键。

解密复盘

薛萱把绢分成两半，绢的主人此时肯定内心不平，抱怨县令断案不公。跟在年长者身后的差人看见他碰见同乡不停地向同乡倒苦水，说自己今天倒霉，被人讹走了半匹绢。年轻人感觉自己略施小计就骗了半匹绢，运气好，捡了外财，便喜气洋洋地到集市上叫卖。他哪里清楚绢的行情？高声叫卖，价格很便宜。薛萱在堂上分析了二人的情况，就断定年轻人是骗子，年长的人是绢的主人。

疑点重重的杀人焚尸案

场景构筑

三国时期，张举曾在吴国做句章的县令。

有一天早上，他上堂的时候，外面来了一群人，其中有个年轻的妇人一身孝衣哭哭啼啼。张举问原告是怎么一回事。人群中站出一个中年男子，该男子神色愤恨，说昨天夜里自己弟弟家中失火。自己的弟弟被大火烧死了，被烧焦的尸体就在床下的位置。

等到第二天的早上，自己的弟媳妇从娘家回来了。说是昨天去娘家，太晚了没回家。她一大早赶回来给丈夫做早饭，结果才发现房子失了火，丈夫也在大火中丧了生。哥哥之前听说过弟媳妇的人品不好，坊间都在传说弟媳妇和别人私通。也因为这个问题，他们夫妻间总有矛盾，昨天弟弟的房子起火，肯定是这个女人伙同奸夫干的，哥哥让县官给弟弟申冤。中年男子说到这里眼睛都冒火了，盯着这个女人。这个女人此时已经止住了哭泣，她直喊冤枉，说自己平时在村子里喜欢多说玩笑，估计被人误会了。自己昨天千真万确是回娘家了，丈夫独自在家被大火意外活活烧死，她也很伤心难过。但是丈夫的死和自己没有干系。

张举带仵作和差人赶到事发现场。房子被烧得只剩下骨架，屋子前用被子盖着的就是亡者。张举和仵作仔细地查看了尸体。尸体被烧得焦黑，外观也看不出有什么伤痕，细心的张举甚至查看了死者的口腔。最后他指出死者的妻子说了谎，死者不是被烧死的，是死后有人故意纵火想毁尸灭迹。这个妇人听到这里，无论怎样都不肯承认自己杀了丈夫，说自己被冤枉。于是张举命人带过来两头猪。周围的村民一看县令断案还要用猪，顿时都来围观。张举命人把其中的一头杀死，一头让其活着，然后命人取来很多柴火。把死的猪扔在柴火上，活的绑起来同样扔到柴火上使其不能逃跑，然后开始点燃柴火，死去的猪很快被烧黑了，活着的猪大声地叫唤，随着叫声减弱，也逐渐死去。

张举命人把这名妇女带到跟前，他指着面前的两头猪，对妇女说了一句话，又向众人展示了这两头猪。然后这名妇女就瘫坐在地上，向张举坦白了自己伙同奸夫一起杀害了自己的丈夫的事实。杀人后，他们为了掩盖事实的真相，趁夜晚放火烧了房子，想毁尸灭迹逃脱罪责。

头脑机关匣

案件不可能重现，死者也不能开口说话，但是这个过程却是可以模拟的。回想一下张举烧猪时的一些细节，再想一想这些细节和这两种情况的不同之处。这种区别跟案件之间又存在着怎样的联系，找到了这两者之间的关联之处，自然也就明白烧猪的真正意图所在了。

解密复盘

张举检查死者时，从表面看都是焦黑，看不出有没有受伤。但是检查死者的口腔时发现，死者口腔内没有吸入的灰尘和被烟熏黑的痕迹，他认定死者是先被打死然后尸首被人烧黑。但是这个妇女死活不承认，于是为了让她心服口服，并让周围的村民了解事情的真相，便拿出两头猪现场做比较。死后被烧的猪口腔干净，活猪被烧时，由于痛苦挣扎吸入了不少的烟灰，口腔中都是烟灰的痕迹。这个妇女看到对比知道掩藏不住，就承认了自己伙同奸夫杀害亲夫的事实。

羊皮垫子会说话

场景构筑

北魏年间，李惠在雍州做刺史。

春末夏初的一天，有两个人走在大道上。一个是常年在山中砍柴，以卖柴为生的樵夫，长得五大三粗、黑乎乎的。此时也不顾太阳高照，肩负两挑柴，打算到集市上换钱买米面。下山的路很难走，终于快到大路了，就会好走多了。他擦了擦额头上的汗，走到大路边的一棵大树下靠在树上歇了会儿，拿出水壶喝点水。与此同时，大路上有个卖盐的高壮汉子，挑了一担盐，走了很多路，也是气喘吁吁的。看见树下有个人休息，自己也就把担子撂下，坐在树下乘凉。他们都是急着赶集的，只不过缓了一会儿疲惫，就都起身。要赶路时，二人争执了起来。原来是垫在地上的一块羊皮垫子，二人都说是自己所有。二人吵吵嚷嚷把在旁边田地干活的农夫都惊动了，大家前来围观。他们二人争论不休，互相指责对方不讲理，想骗东西。当时坐在这里的就这两个人，没有人可以做证，众人也不能断定到底谁是羊皮垫子的主人。这样吵吵了半天，二人谁也不肯让步，几乎要动手了。围观者中站出来一位老者说："你们二人都说自己是羊皮垫子的主人，我们也分不出谁说了假话。你们去刺史李惠李大人那里吧，他可是个英明果断的好官。"

李惠升了堂，询问二人时，卖柴的说这块羊皮垫子是自己垫肩的，刚才垫在地上两人一起休息。自己好心借垫子二人共坐，想不到被人讹诈。卖盐的也说自己的这块羊皮垫子是用来垫肩的，都用了两三年了。二人各执一词，都说垫子是自己的。李惠大手一挥，让二人退到大堂的外面。他笑着对身边的官吏差人说，我不询问他们二人了，我今天拷问羊皮就能分清到底谁是主人了。周围人一听以为大人是开玩笑，也都不敢说话。李惠差人拿一块布铺在地上，然后让人把羊皮垫子放在上面进行杖击。大堂外的两个人远远看着差役们击打垫子，也都不知道李惠要干什么。过了一会儿，只见李惠俯身低头看羊皮垫子，还自言自语地说了几句话。

李惠命二人走到堂前，他指着羊皮垫子说，这垫子自己都说了自己的主人是卖盐的，卖柴的樵夫你蓄意讹诈还不认罪。樵夫一听，哪能就此认罪呀？李惠让他仔细看下垫子。这时樵夫低头细瞧，就哑口无言了，只好承认自己错了。难道真的是垫子开口说话了吗？

头脑机关匣

一块不会说话的羊皮垫子，两人各执一词，又没有别人在场。既然从这两个人身上已经无法获取什么有价值的线索，那就需要转换一下思路，从羊皮垫子上想办法了。没错，羊皮垫子本身是不会说话的，但是它在某种环境下时间长了难免就会带上某些特征。顺着这个思路想想在场景构筑当中这两个人关于自己职业的描述，就不难想到为什么羊皮垫子能道出事情的真相了。

解密复盘

羊皮垫子只有一块，主人就是这两个人中的一人，都说用了很久。李惠从二人的职业方面进行思考，他命人击打垫子后发现布上落下了很多细小的盐粒，这就说明羊皮垫子就是卖盐人的。

自辨归属的耕牛

场景构筑

南朝元徽年间，在建康县出现了一起为牛打官司的案件。这年秋天有两家人对簿公堂，原因是其中一家的牛夜里被偷走了。牛在家里能干很多农活，不能缺少，牛也是生活中的重要帮手。这家人赶紧四处查询，结果在邻村找到了。

但是邻村这家人不承认这牛是偷的，说是自己家养的。就这样双方争吵到县衙，想让官府来断定这牛到底是谁家的。县令升堂审案时，发现双方对这头牛的牙口、外貌、性情都说得基本一致。到底牛是哪一家的呢？县令也没法分清楚，两家都不肯罢休。县令只能把牛放到县衙来喂养，让双方回家找新的证据。

案子就这样拖了下来，中间换了两任县令都没有解决好牛的归属。等到顾宪之任县令时，他打算审查积压的案件，发现了争牛案件，决心重新审理此案。两家人听说来了新县令，又都到大堂上询问牛的归属。顾宪之说：“你们都不必叙述自己的理由了。我这就能断定这牛到底是谁家的，给好人一个公道，让坏人认罪。”然后他对衙役们悄声交代了几句。衙役依计而行，果然就找到了耕牛真正的主人。他是怎么做到的？

头脑机关匣

作为一个推理的高手，不仅要善于倾听，在别人的表述中发现不符合常理的逻辑漏洞，还要有足够细致的观察能力和非常强的思维灵活性。人都是会撒谎的，尤其是在关系到自身利益的时候，遇到这种情况不能光听他们是怎么说的，要从不会撒谎的对象上入手。而这头耕牛就是一个不会撒谎的对象。从场景构筑中就不难想到让耕牛自己证明身份的方法了。

解密复盘

案件积压这么久，就是从人证方面没有可以断定的依据，所以顾宪之就从动物的本能出发。一般养了好几年的老牛，都能够认识自己吃草的槽、自己睡觉的棚。这老牛被解掉缰绳，很自然地回到自己的家中，乖乖地等在槽前，这样就断定了另一家是盗窃的贼人。

引蛇出洞诱真凶

场景构筑

这个案子发生在唐朝贞观年间。唐太宗李世民看到眼前的案子，仔细思量半天，总感觉案子有些蹊跷，感觉不像案件真实的情况，就把这个案子交给御史蒋常来重新审理。蒋常接到圣旨便来到案件发生地卫州。大家听说朝廷派人来复核案子，便奔走相告。

原来在这年的春天，卫州的禁卫军士兵杨正和两个士兵一起去公干。天晚时他们投宿到卫州的板桥店，店主叫张逖。这家店比较大，上上下下的伙计就有十几个。当天店主的妻子回娘家了，张逖命下人安排好房间并准备了晚饭。

但是令人想不到的是，半夜有人偷偷溜进杨正他们的房间，用杨正的佩刀杀死了店主张逖，杀人后又把佩刀悄悄地插回到刀鞘中。这三个士兵白天赶路很辛苦，睡得比较沉，都没有发现异常。等到五更的时候，三人着急赶路就匆忙启程了。天逐渐变亮，店里的伙计去店主卧室询问怎样安排今天的活计。小伙计推开房门一看，店主满身是血地躺在地上，尸体都冷了。这下子把小伙计吓得够呛，他赶紧叫起店里的其他伙计。早上就杨正几个人走得比较早，而且身上带有佩刀。他们猜测这几个人肯定夜晚杀害了店主。店里的十几个伙计就顺着路往前追。等追到杨正他们，发现杨正的刀上还有血迹。这下子无论杨正他们怎么解释都不管用了，就被带到了官府。官府一看凶器是杨正的，三人又是五更天出走，肯定是犯案脱逃。但在堂上询问后，三人不肯招供，当下就用了大刑。几番刑审下来，几个人浑身伤痕累累，惨不忍睹。受不了刑罚的三人就只好认了罪，就这样被关在大牢里。官府逐级上报，申请秋后处决三人。

唐朝对死刑审核得比较严谨，军汉杀人案的案宗到了唐太宗手中让他起了疑心，就发下来重新审核。蒋常到了卫州后，就立刻令州府的差人前往张逖的店中传话，让店内所有十五岁以上的人都到州府大堂候审。把大家聚齐后，发现到州府的店员没到齐，又把这些人都放了，只留下一位老婆婆在州衙审问。老婆婆年龄比较大，问什么都比较费劲。就这样一直到了傍晚时分，才放老婆婆回去。老婆婆转身刚走，蒋常就派出一名精明能干的狱吏，让他乔装打扮一下，悄悄地跟在老婆婆的后面，交代此人道：“你不要惊动了老婆婆，悄悄地跟着，看到有人与老婆婆说话就记下他的相貌，打听到此人的姓名。”果不出所料，狱吏回到州衙告诉蒋常：“大人料事如神，果然有人偷偷摸摸地询问老婆婆，在州衙一天大人都询问些什么话。”蒋常听到这里微微一笑说，明天继续带老婆婆来州衙。第二天还是留下老婆婆一天，傍晚放其回家。到了第三天继续如此。狱吏一直悄悄跟随，报告给蒋常，说三天都是同一个男子询问老婆婆审讯的情况。蒋常一看时机成熟，当晚便派了州衙的差人把此男子带回州衙。一番调查之后，终于查明这就是那个杀害店主的凶手。那么蒋常是根据什么认定这个人有重大嫌疑的呢？

头脑机关匣

对于这样一起早已定案的案子来说，要想推翻原来的结论，用常规的断案方法肯定是行不通的。就得运用一点逆向思维，考虑所有跟这起案子有关的因素。从场景构筑的描述中不难看出蒋常是个运用逆向思维的高手，善于从对方的行动中找出漏洞，这就需想一个办法让对手先动起来。锁定这个嫌疑人，然后从此人入手实施逆向推理。从这个角度出发，看看蒋常所做的一切，就不难知道他认定嫌疑人的依据了吧？

解密复盘

这招是引蛇出洞。案子原来判定是杨正等人杀人，这时真正的杀人凶犯心想有了替死鬼，心中自然高兴，只等秋后处决。这件事情有了结果，自己就安全了。但是太宗指令蒋常过来重新审核此案，杀人凶犯担心事情出了意外，急于了解蒋常审案的内幕。他见蒋常每天都审讯老婆婆，心想老婆婆年纪大了，很容易被套出话，自己只有掌握了案件的进度，才能及时做好补救。这样正好上了蒋常的圈套，这等于是杀人凶犯自己就现身了。

众手捏金断冤情

场景构筑

事情发生在唐朝年间，当时的李德裕就任浙西观察使时，有天，附近甘露寺的住持前来报案，说前几天寺里知事僧换届，当前一任向现任移交各种明细时，发现账册跟实物对不上。他觉得是前任知事僧侵吞了寺里的黄金。

他们拿出账本，与前任核实。账册上，前几任知事僧的签字都在，确实在移交的过程中有不少黄金。现在移交时黄金不知去向，住持认为肯定是他偷了去。李德裕就询问住持，前任承认自己偷盗行为没有，偷盗的黄金交出来没有。住持摇摇头叹口气说："前任知事僧真是可恶，他最后见大家追得紧，就承认自己偷了寺院里的黄金，但是黄金的去向却拒不交代，也说不清具体花在什么地方。"李德裕听住持这样讲，就觉得事情没那么简单，于是便传了前任知事僧前来问询。

前任知事僧见到李德裕，当时眼泪就下来了，他说自己被寺院里的众人冤枉，这几天每天都是在煎熬中度过。他说，这么多年来，知事僧换了好几拨。每次移交账目和财物时，其实都是一纸空文，并没有实际的财物。账面上的黄金就是账面上的，没有人见过黄金。自己接手时，上任知事僧都是这样移交过来的，没有人认真去核实，这个情况大家都知道。但是由于自己性格比较孤僻，这样就引起了别人的猜疑和排挤。这次移交也是他们想法陷害自己。众口铄金，自己有口难辩。此人说罢又悲痛又伤心。李德裕看了心中都难免悲愤，他告诉面前的僧人："你不用担心没地方说理，这起案件想弄清楚并不是很难。”

他命手下的差人把前几任知事僧都带来审讯。接这几个僧人时，李德裕派出了几乘小轿，这些布轿子都盖好帘子。到了府衙都把门帘的位置面向墙壁，彼此拉开距离，使其不能相互通话。这些人坐在轿子里不知道要做什么。这时，李德裕命人递给轿子里的每个僧人一团黄泥巴，然后告诉他们，既然你们都见过黄金，那么就把黄金的样子捏出来。过了不久，帘子里纷纷拿出形态各异的泥巴。李德裕让他们都出来看眼前的泥巴。看到这些不同的泥巴，就连住持都乖乖地认了罪。

头脑机关匣

这个案子就是典型的一对多，而且所有的手续和证据也都偏向人多的一方。用常规的方法恐怕很难找到突破口，这时候不妨做一个假设。判案讲究的是大胆假设，仔细推理。假如住持他们说的是真的，如果他们确实都见过交接时那些库存的黄金，他们对这些黄金的说法肯定是一致的。那么印证这种假设的方法就不难想到了，经过验证就知道事情的真相了。

解密复盘

李德裕假设大家都见过黄金，那么肯定知道交接时黄金的形状。这些人彼此不能沟通，对于之前子虚乌有的黄金只能瞎说一气。这样反过来就是，大家都没见过黄金，移交的都是一纸空文。

真假难辨的邮票

场景构筑

彼得是一个资深集邮爱好者，专门收集各种稀有的邮票。他沉浸于这个爱好二十年，手头收集了不少珍贵的邮票。最近结识同样是集邮爱好者的卡伦，两个人颇有些相见恨晚的感觉。他们经常聚在一起谈论邮票，也会拿出各自的珍藏一起观赏品评一番。

彼得手里有一张非常珍贵的邮票，不要说是在他们的圈子里，就是在国际集邮爱好者的收藏当中都是当之无愧的珍品。这也是彼得作为资深集邮爱好者最为自豪的地方，这枚邮票一直被彼得小心地收在家中的保险箱里，从来不会轻易示人。就算是相交恨晚的卡伦，想要见到这枚珍贵的邮票也不是一件容易的事情。不过最终还是抵不住卡伦的一再央求，彼得只好拿出这枚珍品让卡伦观赏。那天下午他们两个在彼得的家里一直待到了天黑，卡伦把这枚邮票翻来覆去地观赏了一下午都舍不得放下。

可是令彼得没想到的是，就在卡伦观赏过邮票之后不久，卡伦就跟彼得说，他也花高价从别处买来一枚跟彼得那枚一模一样的邮票。这让彼得觉得非常不可思议，不要说是一模一样的两枚邮票，就算是在短时间内收集到同一套邮票当中的两枚珍品都是非常低概率的事件。他觉得卡伦所说的事情根本就不可能发生。如果真的发生了，就只能有一个解释，那就是他们两个所持有的邮票当中必定有一枚是赝品。刚听到卡伦这么说的时候，彼得以为他是在开玩笑。但是卡伦一再坚持，彼得心里也慢慢变得不那么坚定了。但是又一想，自己持有这枚邮票这么多年，也没理由是赝品呀，十有八九是卡伦被别人给蒙骗了。他约卡伦带着新收藏的邮票到他的家里来，一来是把两枚邮票放在一起对比，二来也顺便给卡伦上一堂集邮的专业知识课。

卡伦带来的这枚珍品邮票，确实做得很逼真。如果不是彼得这种在这一行当中沉浸了二十年的资深人士，又有真品在一旁对比的话，还真的不容易辨别。在甄别的过程当中，彼得把真品和赝品的特征都做了极其详尽的介绍，卡伦也一直在一旁点头认同。可是，就在甄别完之后，卡伦一把把真品抢在手里说是他带来的，说彼得原来收藏的那枚是假的。彼得被卡伦的举动彻底给弄蒙了，他当然不肯吃这个哑巴亏，当即就打电话报了警。吉米探长带着警员来到彼得家里听他们说完，把这真假两枚邮票拿在手里沉思了好一会儿，然后跟彼得和卡伦说：

“这种事情涉及技术鉴定的问题，我没办法当场给你们分出个对错。这样吧，这两枚邮票我先带回去鉴定，有了结果再通知你们。”

虽然两个人都不太乐意，但是对于警长的决定又不太好反对，只好答应。谁知第二天彼得和卡伦分别接到了警局打来的电话，被告知吉米警长带回警局的那两枚邮票在路上丢失了。由于是警方的过失，所以警局会给他们提供一定的补偿。但是鉴于目前还没能鉴定出两枚邮票各自属于谁，只能是每人获得一半的赔偿金。但是他们却不知道这是吉米警长布下的局，打过这两通电话之后，吉米警长就已经明白了事情的真相。你能猜到这是为什么吗？

头脑机关匣

破解这个谜题的关键在于演绎推理，可以肯定的是不管他们两个当中谁的邮票是真的，他们两个人都心知肚明，这时候就不妨做一下演绎推理。面对邮票丢失的消息，真邮票的持有者会有什么样的反应？而那个假邮票的持有者又会有什么样的反应？想明白了这一点，就不难从他们各自的反应当中看出谁才是那枚真邮票的持有者。

解密复盘

接到警局打来的电话后，彼得对邮票的丢失感到不能接受，更不能接受警局提出的赔偿方案。他在电话里明确表示，最重要的是找回那枚丢失的邮票。警局准备用来赔给他们的赔偿金完全可以用来悬赏，帮助找回邮票，而不是平分给他们，他要的是邮票不是钱。而卡伦接到电话后反而觉得有些庆幸，如果真的到了警局，最后结果怎么样真的很难说。现在这样也挺好，平白无故地得到了一笔补偿，还没有什么危险。于是就在电话里表示了遗憾并说可以接受赔偿，只不过提出要求，要提高赔偿的额度。吉米警长得到警员反馈回来的信息后，就从他们的态度中判断出了谁才是那枚真邮票的持有者。

放驴寻鞍的故事

场景构筑

唐朝年间，张鷟曾担任河阳县令，一年春季的一天，有个过路的客商看天色已晚，到了饭点，就进店吃饭，随手就把自己的驴子用缰绳拴在店门前的一棵树上。等客商吃完饭出来打算牵笨驴子找客栈的时候，发现树上只有一段绳子，驴子却不见了。驴子身上还有鞍子，那可是一副崭新的鞍子。这名客商心疼不已，自己的脚力丢了，做生意驮货物也麻烦。店里的老板和伙计都忙活上菜，没有人发现驴子的去向。丢驴子的人走街串巷地找了三天都没发现驴的影子，只好去县衙报案。

张鷟听了客商的陈述，看到客商手中的半截绳子是齐刷刷的断头，当即认定是有人偷走了驴子，就派人四处侦查，在县城的各个街道都安排人把守询问，并张贴了很多告示，告知如果抓到偷驴的盗贼肯定严惩。第二天，大家看到整个县城为了找驴子都闹翻了天。盗贼感到事情闹大了，这次县令肯定会详查。他想，驴子是个活物，需要吃草料，也是个庞然大物，没法隐藏，家里突然多出了一头驴，万一被邻居们发现，后果很严重。思前想后，盗贼就趁夜间无人，悄悄地把驴放了。放出大门的驴子在黑乎乎的夜里有些紧张，驴的嘶鸣声很快惊动了夜间巡逻的差人，差人就把驴子带回到了县衙。天一亮，差人就把住店的旅商给带到了县衙，让他辨认一下是不是自己的驴。客商看到驴十分高兴，他用手抚摸着驴子的头说正是自己丢失的。看到事情得到圆满解决，张鷟说："找到了就好，你把驴子牵走吧，以后细心照料。"

客商伸手从差人手中接过缰绳，大声询问张鷟："大人，小民的鞍子也是全新的，大人能帮忙找到鞍子吗？"旁边的差人一听此话当即生气地说："你这个人好生无理，为了你的驴子，我们大人已花费不少心血，我们也忙活了两天。一副鞍子能值多少钱？还要给你找鞍子？那鞍子还能和驴子一样自己跑到大街上来吗？"但是张鷟听到这里说道："不用担心，这个很简单，既然帮你找到了驴子，鞍子一并帮你找到。"然后他交代了手下的人，等到了第二天，果然就找到了鞍子，还抓到了偷驴的贼。周围的民众见到张鷟断案如此神奇，都佩服他是个有智谋的好官。

头脑机关匣

这些差人说得没错，鞍子又不是驴，它不会像驴子那样自己跑回来。但是如果想要让驴子和鞍到一起去的话，你可以反着想。仔细体会一下“如果山不过来，那我就过去”这句话，看能不能提醒你一些什么。也许这就是找到驴鞍的最简单、有效的办法。

解密复盘

万物皆有道理，找驴子的时候，张鷟故意大造声势，给盗贼施压。盗贼担心被查出来，就夜间放了驴子。找鞍子的时候，鞍子是死的，比较小，容易被藏起来，他就利用驴。他告诉差人不要喂驴子，让其饿上一天一宿。第二天一大早就解开缰绳，让驴子自己跑。驴子被饿了一天，早就被饿得受不了了，就直接跑回盗贼的家里吃草料去了。差人们在后面紧紧跟着，盗贼当时不肯承认，当在草垛里找到鞍子时，盗贼就无话可说了。

骑在驴背上的贼

场景构筑

唐朝年间，在怀州河内县有个叫作王盛成的人，此人非官非吏，但是在当地有很高的声望。他平时善于观察，做事比较认真，义务帮助官府抓到了很多盗贼，在民间受到很多人的爱戴，大家送他外号“捕神”。

某天早上，“捕神”王盛成很早就起床了，他打算去集市上买些东西。

集市上很多人都认识他，大家都主动和他打招呼。天气不冷不热，王盛成站在街边和旁边的人聊天，互相说着自己的所见所闻。这时，从前面的大路上来了一个骑驴的人。驴身上驮了个中年男子，还驮了一个皮口袋。如此重负，驴已经气喘吁吁的了，但是坐在驴身上的男子还用脚磕驴子的肚皮，大声吆喝快点走。王盛成看到这个情形就感觉到不对劲。说话间，这人和驴就到了他跟前，王盛成看到驴子的身上都被汗浸透了，这男子也太不心疼自己的驴子了。男子看到王盛成盯着自己看，赶紧用力地拉了拉缰绳，让驴子靠边走，给王盛成让路。眼看双方错身而过，王盛成脑袋突然一激灵，他赶紧转身大声喝道："前面偷东西的贼，你给我下来。"果不其然，前面骑驴的男子听到他的呼喊，当时吓得就从驴背上滚了下来。

王盛成立即上前捉住了汉子。汉子一看身边围了很多人，当即就不住地磕头求饶，说自己从河阳偷了这头驴子和皮袋子。大家看到王盛成又一次捉到了贼人，纷纷鼓掌称赞。过了不久，就见一个商人模样的男子，满头大汗地挤到王盛成面前，说他就是驴子的主人，凌晨赶路，在路上方便的工夫，驴子就被人偷走了，驴身上的皮囊里有可以为自己做证的东西。王盛成当着众人的面，打开了皮囊，果然和商人说的一模一样。这时巡逻的衙役也过来了。他们把盗贼捆绑后，衙役不解地问王盛成："这个人作案，你没有看见，你怎么看出来他是贼呢？"

头脑机关匣

破解这个谜题需要的就是人情常理的推演，这需要对人性有一个深刻的把握。有一句话叫作"谁的孩子谁心疼"，这说的可不一定就是孩子，其他很多东西也是这样。比如我们经常见到的，很多人在用借来的东西的时候，远远不如东西的主人那么知道爱惜。而在那个时代，驴子可是普通人家非常重要的东西，无论是家里干活还是外出走远路，都离不开它，对自己家的驴子照顾起来是非常精心的，常常会把自己舍不得吃的东西喂给它吃。主人使用起来也是非常爱惜，看它实在乏累的时候，甚至不惜自己替它背上一些东西。再想一下场景构筑当中，那骑驴的人是怎么对待这头驴子的，猜到事情的真相就不是什么困难的事情了。

解密复盘

很多事情只要多观察就能发现很多疑问，王盛成说："第一，赶远路的人，驴身上不会有很多汗，一般都会提前算好时间和路程，让驴子慢慢地走，这个驴子浑身是汗，肯定是着急赶路；第二，一般自己的牲口，是长期倚仗的脚力，都会十分爱惜，不会动不动就呵斥、打骂；第三，贼人一般都是做贼心虚，他心中念念不忘自己偷来的东西，生怕有人认出驴子和皮袋子，所以和我走到迎面时，赶紧给我让路、躲闪我的目光。综上所述，我就断定这人就是个贼。"

度牒背后的秘密杀人案

场景构筑

北宋年间，张咏任江宁知府。一天傍晚，张咏正在大堂上看公文，这时堂下来了一个和尚。当时的和尚都随身带着自己的度牒供官府审查，当时的度牒也就是和尚的身份证，度牒上详细写着和尚的名字、年龄、法号，以及自己的师父是谁、出自哪个寺庙。当和尚不用交地租也不用服徭役，在当年，和尚可是很吃香的。朝廷为了控制和尚的数量，对度牒的发放控制得很严格。度牒都是由官府一个叫作祠部的部门发放的，上面都有官员的亲笔签名或者官府大印。张咏接过度牒放在面前的案子上，仔仔细细地查看，并抬头看了看面前的和尚。过了好大一会儿，他提笔写下了几个字交给身边人。身边人一看上面端端正正的几个大字："送交司理院审讯杀人犯。"看到知府大人的批示，这个人都蒙了，但是不敢询问，就把堂下的和尚给收了监。

到了第二天，知府堂下站满了前来听审的官员，大家不明白为啥知府大人看了下度牒就断定和尚是杀人犯。张咏语重心长地说："以后大家办案子一定要明察秋毫，一不小心就是人命关天的大事。不能冤枉一个好人，也不能放走一个坏人。"过了一会儿，和尚被带到堂下，张咏问道："你当和尚有几年的时间了？"那和尚双手合十："回大人，做和尚有七年的时间了。"张咏冷笑道："恐怕是七天还差不多，你还在这里说谎。"和尚听到张咏说到这里眼光就躲闪了一下。接着张咏指了指和尚，和尚一看隐瞒不住，就承认前几天路上遇见一个和尚，和他同行期间惦记他身上的财物，就把和尚杀了，自己当即剃了光头，拿走了真和尚身上的度牒，穿上和尚的衣服前来行骗。

头脑机关匣

断定一个人的身份和职业，最直接、最简单的方法就是看证件，而僧人这种特殊职业的人恰好就属于那种有证件的。所以张咏见到一个僧人，第一时间就是要审核他的度牒。但是有时候证件是真的，身份却未必是真的。因为在那个没有摄影技术的时代，证件是可以冒用的。那就要靠第二个方法了，就是细致的观察能力和敏锐的分析能力。任何一个职业做的时间长了，都会在人的身上留下非常明显的痕迹，只要细心观察就不难发现端倪，这就是破解这个谜题的思考方向。

解密复盘

张咏是个比较细心的人，他在堂上查看度牒时发现度牒是真的，从上面记录来看，这人应该做了七年的和尚。但是堂下的和尚额头上有很深的头巾包裹的勒痕。头巾是农民长期在外干活时裹头发用的，戴的时间长了，勒痕很深，短时间内不容易消掉。和尚的度牒一般都是贴身放置，现在出现在这个人身上，那么就只有一种可能，就是他杀了真和尚，然后来顶替。

藏在积雪下的线索

场景构筑

最近城里一连发生了好多起偷抢案件，有的人家晚上神不知鬼不觉，东西就没了，有的则是遭遇一伙头巾包着头，脸只露出眼睛的黑衣人的明抢，还有落单的夜行人被拦路抢劫的。一时间人心惶惶，警局也焦头烂额，而负责这些案件的探长米哈伊尔更像是被架在火上烤一样，日子过得无比煎熬。旧案子还没有眉目，新案子却在不停地增加，民众的情绪一天比一天坏。探长米哈伊尔的压力一天天地增大，都快有些扛不住了。

根据那些受害者提供的信息和最近案情发生的频率，米哈伊尔觉得应该是一批流窜作案的惯犯所为，决定把近期发生的这些案件一一侦查。从第一起入室抢劫案发生的时候，他们就开始在城市各个出入口设置关卡，对所有往来的行人进行严密的盘查。警员轮流值班，一刻也不放松。但是直到现在，既没有发现任何身份可疑的人，也没有发现有人往城外携带大量财物，而抢劫案件却一直在增加。

于是米哈伊尔断定这些人和所抢来的财物还在城里，便又开始在城中展开大规模的排查。所有的人家、所有的旅店全部进行了地毯式的搜索，依然是一无所获。那些强盗就像是幽灵一般，四处猖狂作案却又不留痕迹。昨夜又下了一场大雪，那帮可恶的强盗在下雪前又抢劫了两处民宅。米哈伊尔在勘查完现场以后，心情非常压抑地走在返回警局的路上，不知不觉中走到城中一处土丘旁，虽然是土丘却不矮，站在上面可以瞭望大半个城市。心情郁闷的米哈伊尔就让警员们先返回警局，自己打算独自登上土丘缓解一下心情。米哈伊尔站在高高的土丘上眺望着这座城市，呼吸着寒冷而干净的空气，尽力让自己平复下来。经过昨夜的一场大雪，所有房屋的屋顶上都盖上了厚厚的一层积雪，只有屋顶烟囱的位置有一小片黑乎乎的。放眼望去，一座一座房屋大同小异，只有城中位置的几间大房子，屋顶上灰乎乎的一片，好像昨晚的大雪并没有落在这些房子上一般。

米哈伊尔就这么来来回回地看了几遍，也觉得有些无趣。想想警局里还有很多事情等着自己去处理，就想着赶紧返回警局。他转身准备走下土丘，可是刚走了没几步，就像突然想起来什么似的，开始疯狂地往土丘顶上跑去，然后重新打量这座被大雪覆盖的城市。过了好一会儿，他终于忍不住大喊一声：

“我知道了。这回再也不会让你们跑掉了！”

米哈伊尔兴冲冲地跑回警局，调集了大量的人手赶到那几间屋顶上没有积雪的房子跟前。他们在里面抓住了连日来不断作案的强盗，并在挖好的地道中搜出了大量抢劫来的财物。原来，这个院子是一个富商建造的。这几年富商举家去外地经商，这里就留下一个老管家看守。那批强盗就出钱买通了这个老管家，平时就躲在这些房子里睡觉，晚上出去抢劫，抢来的财物就放在原来富商用来存放财物的密道里。平时的吃喝用度都由这名老管家去买，他们也不用出门。等警探来搜查的时候，他们就藏身在密道里。本来以为这样就万无一失了，不料还是被米哈伊尔探长给发现了。那么米哈伊尔探长是怎么发现他们的呢？

头脑机关匣

通过场景构筑当中的描写不难发现，这个案件的关键线索就藏在覆盖着屋顶的大雪当中。想象一下，为什么别的屋顶上的雪都是烟囱附近的雪融化得快，其他地方都是厚厚的积雪，而只有那个院子里房顶上的雪基本上已经全部融化，然后不难推断其中的奥妙。想到了房间里面的情况，案件的谜底就找到了。

解密复盘

原来这些躲在房间里的强盗，平时都是躲在储藏间的密室里，只有在晚上才出来，这样就不容易引起别人的注意，所以警察搜查了几次也没有发现他们。但是昨天的一场大雪让天气变得异常寒冷，那些躲在储藏间密室里的人扛不住寒冷，只好出来在大厅里点火取暖。这样一来，室内的温度迅速升高，屋顶上的雪就开始大面积融化。这就跟其他人家只有壁炉附近的雪融化得比较快的情况截然不同。这一切都被登高远望的米哈伊尔探长看在了眼里，他从房顶上的积雪当中找到了线索，才将住在里面的强盗们抓捕归案。

假冒的父亲

场景构筑

世间的事情无奇不有，宋神宗年间，已经三十多岁的张百岁就遇到了闹心的事情。他的父亲张长庚是山西晋城的大户，老人一月前突然染病身亡。对于一个七十六岁的老人来说，能活到这个年龄也算是高寿了。身为儿子的张百岁忙前忙后刚处理完丧事，居然有一个歪嘴老媒婆，带一个老者过来认儿子。说这个老者才是张百岁的亲生父亲。

这让张百岁气坏了。父亲张长庚对自己疼爱无比，悉心教导自己成才，说不是亲生的自己都不信。父亲在世时从来也没说过自己是抱养的孩子。张百岁拒不认老者，双方就闹上了公堂。老者说确确实实是当年家里穷，与其让孩子在自己家里被饿死，还不如送给别人抚养。于是就把孩子交给了歪嘴媒婆，想着歪嘴媒婆路子比较广，能给孩子找个好人家。当时媒婆知道富户张长庚膝下无子，就把这个孩子送到了张家，就是现在的张百岁。县令审讯后，发现双方说的都有道理，断定不了到底老者是不是张百岁的亲生父亲。张百岁呢，无论如何都不肯认这个没见过面的老者，他说不是自己不孝、不赡养，关键是此人说的话绝对不可信。

案子没有结论，双方就把案子打到了监察御史程颢这里。他听完双方讲述的经过，就明白了难以断定的原因。他在堂上询问老者有什么证据，老者从怀中拿出一张看起来比较破旧的纸，上面写着某年某月某日，某某把自己亲生的儿子送给晋城的张长庚老人，由媒婆某某氏为中人。

这里说的某某就是现在自称是张百岁亲生父亲的老人，而某某氏说的就是现在的这个歪嘴的媒婆。程颢看完之后，接着询问媒婆："您是什么时间做媒婆的？做了多久？今年多大了？"

媒婆的嘴自然比平常妇女能说会道、口齿清楚，她回答道："老婆子是在三十岁的时候做了媒婆，今年五十八岁了，整整做了二十八年的媒婆。"

程颢听完二人的话，转过头问旁边的张百岁："你今年多大岁数了？你的父亲张长庚高寿几何？"张百岁回答道："小人今年整整三十六岁，老父亲上个月亡故，走的时候刚过了七十六岁寿辰，自己还大办了酒席给父亲祝寿。"

听了三人的对话，程颢对张百岁说："年轻人，你回家吧，这个老人和你没有关系。"然后他指着面前的老人说，"你倚老卖老，世间竟有你这样的人，冒充人家父亲，我看是惦记人家有钱，想糊弄别人给你养老吧。"老者和歪嘴媒婆听到这里顿时哑口无言，只好认了罪。

头脑机关匣

破解这个困境的全部线索，都在老人拿出来的那份凭据上。发现这上面的漏洞，需要我们进行严密的推理。主要体现在人物的职业和称呼上，细想一下：程颢看过这份凭据之后所问的那几个问题，为什么把时间倒推到三十多年前？再想想凭据上的内容，也就不难明白谁是谁非了。

解密复盘

这个案子县令断不清，是由于他总想分析哪一个有证据和谁说话更可信。但是程颢用了比较简单的方法。他把几个人说的话记下来，然后算下年龄，歪嘴女人做了二十八年的媒婆，那么张百岁被送时她还不是媒婆，所以这个称呼是不成立的。通过询问张长庚的年龄得知，当年张百岁被送时，张长庚不过是一个四十来岁的中年人，纸上不可能写“孩子送给张长庚老人”这样的话。根据这两点，程颢就断定是老者和媒婆一起行骗。

别有用心的调解报告

场景构筑

一直在总部工作的杰克受公司的委派接手西部一处矿场的管理工作，原来的矿场经理因为工作的失误被召回总部接受调查。杰克除了要负责矿场的日常管理工作之外，还有一个重要的使命就是暗中调查前任经理的违规证据。

接到公司的调令，杰克就带着助手麦瑞一起赶往西部。可是令他们没想到的是，刚到矿场还没来得及安顿好行李，就被一大堆报告给淹没了。在他们到来之前办公桌上就堆满了来自矿工的请求调解的报告。杰克和麦瑞一起连夜翻阅这些报告，发现都是矿工之间的日常纠纷等一些毫不起眼的小矛盾。由于没有涉及什么重大问题，所以他们两个也没放在心上。他们打算先从重要的事情入手，这些小事情以后再慢慢解决。

可就是这些没有及时解决的小问题使得矿场的局面差点失控，那些递交了报告的矿工以新经理无视矿工利益为由，堵着经理办公室的门不肯开工。但是这些琐碎的事情处理起来十分麻烦。看着堵在门口的矿工，杰克心中突然一动，好像明白了什么，马上重新翻看堆在桌上的报告。他发现那些报告当中除了全部都是一些不痛不痒的小纠纷之外，还有一个比较明显的特征，就是有不少报告都是由会计和文书代写的，因为矿上有很多工人是不认识字的。这一切显然是有人故意安排的，用意非常明显，就是想要让这些烦琐的小事来绑住他的手脚，好趁他解决这些事情的时候来掩盖一些事实。想明白对方用意的杰克被弄得愁眉不展，如果先把这些琐碎的事情处理完再调查前任经理的事情可能就什么都查不到了。但是如果先调查前任经理，矿上的工人拒绝上工的事情传到公司，自己同样没有好果子吃。虽然猜想是有人在故意刁难他，但是又不知道那个人到底是谁，关键是一点证据都没有。正在杰克一筹莫展的时候，助手麦瑞拿起桌上的那几份由会计和文书代笔的报告，跟杰克说她找到解决问题的方法了。

听完麦瑞的方法之后，杰克顿时喜出望外。第二天他们按照麦瑞所说的方法，不仅解决了矿工堵门的问题，还顺藤摸瓜发现了前任经理事件的关键线索。你能想到麦瑞的方法是什么吗？

头脑机关匣

破解这个迷局的关键就在于，如何在错综复杂的实践当中找到共同的地方。从场景构筑的描写中可以看出，虽然这些请求调解的报告多得堆满了办公桌，但是这里面有相当一部分是由两个人代写的。这时候不妨做两个假设。假设这些请求调解的报告是真实的，是工人主动找他们代写的，他们对报告上的内容会有什么样的认识？如果是由别有用心的人杜撰出来的，那问起这上面的内容的时候，他们会有什么样的表现？在此基础上进行推理，是不是很快就能找到解决问题的方法了呢？

解密复盘

麦瑞和杰克把这些由别人代笔写报告的涉事双方都叫到办公室来，让他们当面把事情的原委再说一遍。然后就发现这些当事人对事情的表述存在很大的偏差，有的甚至都不太清楚这报告里到底写了些什么。问他们一些报告里写到的细节的时候，他们竟然表现出一脸的茫然。相反，倒是那些代笔的人，他们对里面的内容了解得比事主还清楚。一番询问之后，那些原来一直叫嚷着要解决问题的工人，现在也意识到了不对，不再叫嚷了。麦瑞和杰克也印证了之前自己的判断，开始把主要的精力都用在对这两个代写者的调查上，不久就发现，这两人是受上任经理的指示来干扰调查方向的，因为上任经理的好些事情，他们也有参与。

巧判兄弟分家案

场景构筑

宋真宗年间，皇帝有家外戚死了，他死前把财产分给了两个儿子。当时这个外戚病重在床，两个儿子没说啥，等到老人的丧事办完后，这两个兄弟就上县衙对簿公堂了，老大说老二的财产土地比自己多，弟弟说兄长在分家中占尽了便宜，自己吃了亏。清官难断家务事，再说，县令一看兄弟俩是皇帝的亲戚，更不敢审问了，就推说案情复杂，自己不能决断，把案子推了出去。于是，兄弟俩就把案子打到了州衙。州衙的州官了解情况以后，也同样把案子推了出去。就这样案子一直打到了皇帝真宗面前。兄弟俩在真宗面前互相指责、互相诋毁，想让真宗给断个清楚。真宗一看，案子一级一级往上推，推到了自己的手里，便对兄弟俩晓之以理、动之以情，到最后兄弟俩还是不满意，整天找皇帝解决分家的问题。这让皇帝不胜其苦，自己天天坐朝堂，处理很多国家大事，但是就简单的兄弟俩分家，都被搞得焦头烂额，怎么处理，兄弟俩都不满意。

有一天真宗和丞相张齐贤在聊天，真宗向张齐贤说这兄弟俩分家的事情，让自己很苦恼。张齐贤笑道："这兄弟分家的事情，怎么会劳烦陛下操心？这个案子县府、州府都是断不好的，陛下放心的话，这个案子交给臣下，不出三天，我保证让兄弟二人都开心，都心服口服。"真宗听到这里，说："如卿家所说的话，可是帮了朕的大忙，最近朕被此事缠得焦躁不安。都是自己亲戚，一定要断得公平合理，不能强压。"张齐贤笑道："陛下请放心，保证三天后这兄弟俩笑着进宫谢恩！"

张齐贤让人把兄弟俩带到丞相府，他笑着对兄弟俩说："你们的案子经过很多次决断了，连皇帝的决断都不能让你们满意，但这次本相不出三天，就能让你们双方都满意。"二人听到这里并不以为然。"陛下信任我，把案子交给我，我现在办案就和皇帝亲临一般。"二人也严肃规矩起来。张齐贤问双方打官司的因由，都说是对方分的家产比较多，自己吃了亏，分得少。张齐贤坐在正中的位置，兄弟俩分坐两旁，他说："在这里你们说的每一句话、写下的每一个字都必须是实话，不然后果自己承担。"他让人拿来纸笔，让兄弟俩分别把自己的土地以及实物等所有的财产都写在纸上。甚至家里的家人、仆人都要写得清清楚楚。兄弟二人不知道丞相要干什么，都端正地坐在那里，写了起来。等写完后，丞相还要他们都复写一份备用，并都签字画押，证明自己所写属实。双方都写完了，张齐贤收起来，他对二人说了一段话，然后二人就开开心心地离开了丞相府，表示非常满意这样的决断。到了第三天，张齐贤就去向皇上报告这次分家的事情，到了皇宫一看，这兄弟二人一起微笑着对皇帝致谢，并表示这样断定也无损兄弟俩的感情。真宗看到兄弟俩和和睦睦十分高兴，他对张齐贤说："朕知道爱卿办事英明果断，除了你，没有人能想到这个好办法了。”请问张齐贤是怎么判案的？他是怎样做到让双方都满意的？

头脑机关匣

这是一个非常难解决的问题，难就难在并不是客观上谁分得多谁分得少，而是都觉得对方分的家产多，而自己是吃亏的那一个。这是一种心理感觉，不管主持分家的人分得多么公正也不能消除他们这种吃亏的感觉。如果从公平的角度入手来想办法的话，这就是个无解的问题。这就需要一点另辟蹊径的智慧了，从解决他们的心理需求入手。再运用一点逆向思维，以子之矛攻子之盾，如此才能事半功倍。给一个提示：生活中我们总会遇到分苹果的问题，都觉得对方的那一半大。回想一下，家长们采取过什么好的解决方法吗？也许这方法放在这里也是可以的呢。

解密复盘

张齐贤告诉二人：“你们都觉得对方财产多，自己财产少，是吗？如果能得到对方的家产就会比较满意，是吗？”兄弟俩都点头说“是”，张齐贤接着说：“本相现在手里拿的是你们自己亲手书写的家产，现在判定你们兄弟二人互换家产——住处、土地以及房屋。所有的东西对换一下，物品都不许动，双方带自己的家人和奴仆搬家，现在开始就互相换住处、互换家产文书等。”兄弟俩听到这样的审判都愣住了。张齐贤当即命人看着他们兄弟二人搬家，哥哥带家人住到弟弟家，弟弟同样带家人住到哥哥家里，所有家具、家产都原封不动，只不过两天工夫就完成了搬家。

被冒领的尸体

场景构筑

北魏的时候，李崇在河东做太守。居住在定州的解思安犯了罪被官府判罪流放到扬州，去那里做苦工。没多长时间，解思安受不了劳役的辛苦，就找机会逃回了老家。哥哥解庆宾知道弟弟逃走了，担心地方的人追究。弟弟躲避了劳役，总是要被官府捉拿的。有一天下午，解庆宾有事出城。当走上一条道路时，自己想在旁边的树林子里方便。结果刚走进林子，就看到有人躺在地上。那人的衣服、帽子上都是血，脸上伤痕累累，肿得看不出模样。看着这些，他受到了惊吓，半天才缓过来。看尸体样子已经死两三天了，周围也没听说谁家人口走失，他就断定这是个外乡人。尸首年龄和身高外形同自己的弟弟很相似，他就趁机冒领了尸体，想让此地的官府在追捕名册上把弟弟的名字给除去。这样的话弟弟就不会被追捕了。解庆宾眼泪汪汪地找人把这具尸体接到了家，举行了殡葬。周围的人包括比较熟悉解思安的人都没发现尸体是假的，就这样事情被掩盖了下来。甚至连旁边的一个巫婆都给众人说，她见到了解思安的鬼魂，鬼魂向她诉说自己被人杀害时感到了万分痛苦，死后在地狱天天没饭吃、没水喝，受尽煎熬痛苦。周围的人听说了此事，对她的话深信不疑。年纪轻轻的弟弟被人杀死了，官府派人询问原因。解庆宾就诬告与弟弟在一起服劳役的苏显普和李盖等人杀害了自己的弟弟。可怜这两个无辜的人，在州府的大牢里被严刑逼供，受尽了折磨。重刑之下，二人被屈打成招认了罪。案子就这样定了下来。等下级官府把案子呈给李崇的时候，李崇感到案件疑点比较多，就把案子给截了下来，打算悄悄调查。经过他的细心安排，没过多久，前去探查的人就向他报告找到了解庆宾作假的证据。又把李盖等人提过来询问实情，这两个人也表示没有杀人，是被屈打成招的。就这样过了没几天，解思安就被人捆绑着从外地押送了回来。最后李崇提审了巫婆，巫婆承认自己收了解庆宾的财物，在周围散播流言，李崇判巫婆当众挨了一百鞭子用以惩戒。这件疑难的案子就这样被破了，大家都说李崇办案精细，明察秋毫。既然解庆宾谎称自己的弟弟已经遇害了，并且还把那两个无辜的人给定了罪，又怎么会交代实情呢？李崇是怎么做到的呢？

头脑机关匣

破解这个谜题，同样需要运用假定思维。我们不妨先假设这起案子是没有问题的。也就是说解庆宾所说的一切都是真的，解思安已经被人杀害，那两个人就是杀害解思安的凶手。那么无论他听到什么有关自己弟弟的消息，都不会信以为真，因为人死不能复活。现在李崇怀疑这起案子有问题，只需要证明这个假定是不成立的就可以了。至于怎么证明，应该不难想到了吧？

解密复盘

李崇觉得解思安没有被杀，他哥哥肯定钻了空子。他找了两个聪明伶俐的差人，这两个人是外乡人，说话口音都不是本地的，在本地也没有人认识他们。这两个人敲解庆宾的家门，解庆宾打开门一看，不认识。这两个人就说："我们不是本地人，我们家在你们的北面，距离这里三四百里地。一天，有个年轻男子投宿到我们家，我和兄弟觉得他行为不端正就上去盘查他，结果这个人承认他是个逃跑的罪犯，为了躲避劳役想跑回老家。我和兄弟就把他绑了打算送官，这个人跪下来苦苦哀求，说自己姓解名思安，有个哥哥叫作解庆宾，嫂子娘家姓徐，现住在扬州的相国城里。说我们把他送官也得不到什么好处，但是如果放过他，去找他的哥哥说下情况的话，他的哥哥肯定会重重酬谢我们，会送给我们很多财物。他说他哥哥为了他不会吝啬，他自愿留在我们那里做人质，等我们拿钱回去再放了他。我们兄弟俩走了几百里路，你看能给我们多少钱？如果不信，你和我们一起去看你的兄弟。”解庆宾听到这里，脸色就变了，原来自己的弟弟落了难。他对这两个外乡人说：“二位辛苦了，你们稍微等等，我去凑些钱财给你们。”这两个外乡人听到这里就明白了，他们回来把对话告诉了李崇。李崇带人前去对质，就这样解庆宾被关押了起来，他承认了自己冒认尸体的事情。

密室黄金失窃案

场景构筑

后周的柳庆曾在后魏做官，就任雍州别驾的时候，碰见了一件蹊跷的事情。一个经常外出做生意的商人随身携带了二十斤黄金，打算去京都长安买货物。这可是笔巨款，商人一路上都非常小心。这天正好赶到了雍州，自己有事情需要办理，就寄居在一家旅馆内。由于办事需要花费半月的时间，商人出门时都特别小心，他把黄金藏在床底下，钥匙随身携带。并告诉店家，让他在自己在房间时过来打扫客房，自己不在房间的时候不要派店小二到房间去。虽然店主觉得这个要求有点奇怪，但是客人交代的事情也不好说什么，照办就是。刚住了有七八天的时间，商人就发现黄金不翼而飞了。他询问店主，有人进自己房间没有。店主人说他之前有过交代，所以他不在的时候并没有让人进去过，况且他的房间门上还上着锁，根本不可能有人进去。商人觉得店家说谎话，房门和窗户都关得好好的，黄金不见了，肯定是店家用备用的钥匙开门进来给偷走了。二人拉扯着打到了县府，县令检查现场后发现房门、窗户都没有打开过的痕迹，也认为肯定是店主见财起意。店主连连叩首喊冤，县令大声喝道：

“你这个狡猾的店主人，看人家孤单单一个人，你就趁机偷盗。人家钥匙都是随身携带，也只有你有备用的钥匙，门、窗都没有被打开过的痕迹，不是你偷还能有谁？”

然后就大刑伺候。店主人哪里能承受这般痛苦？就在受刑后含冤承认自己偷了黄金。但是询问黄金藏在哪里时，店家却说不出来，一直没找到黄金。县令派人搜查了店主的客房和家里的房子都没有找到黄金，找不到赃物，案子也不能定下来。

州府的柳庆听说了这起案件，他觉得这起案子县里破得也太顺利了。虽然店家有钥匙，有可能打开房门，但是也可能是别人偷走了黄金。于是他便派人把商人带到州府。柳庆见到了站在堂下的商人，问：

“你的房间里丢失了二十斤黄金，你经常把钥匙放在哪里？”

商人答道：

“小人打算去京城进货，带了二十斤黄金。由于害怕有所闪失，我晚上睡觉时把房门和窗户都关得好好的，如果白天出门，都是一样关好窗户、锁好房门，然后把钥匙放在自己身上，钥匙没有离开过身体。”

柳庆接着问：

“住了这么多天，你都是自己一个人吗？有没有和别人一起居住过？”

商人答道：

“小人知道房间里有财物，所以不曾带朋友回过自己的住处。”

柳庆说：

“你中间和别人一起喝过酒吗？”

商人回答：

“中间曾经和一个寺院的和尚一起喝过两次酒，当时心情好，喝酒也比较痛快。结果没有把握好，大白天喝醉，之后就睡着了。”

柳庆听他说到这里就明白了，过了不几天，就捉拿到了偷金子的盗贼，也帮商人找回了丢失的黄金。请问柳庆怎样看出了盗贼不是店主的呢？

头脑机关匣

这起案件的推理需要使用的是排除法，从场景构筑的描述来看因为门是锁着的，门窗也没有被打开过的痕迹。店主和那个跟失主一起喝酒的和尚都有作案的条件，至于到底是他们两个当中谁偷走了失主的黄金，我们不妨做个推理：这样的偷盗现场对谁最为不利；对谁最不利，谁的作案嫌疑就最小。排除了这个人作案的嫌疑，剩下的那个就是偷黄金的真凶了。如此推理，事情的真相就明了了。

解密复盘

柳庆得知房门、窗户俱好的情况下，一般都是用钥匙开的门。店家有钥匙，但是也可能商人的钥匙被人拿走用或者复制。假设店主想要偷黄金，不太可能选择房门锁好的时候用备用钥匙开门进去。因为这就等于告诉所有人，是自己偷了黄金。而且在店主已经认罪的情况下还没有找到丢失的黄金，这也是说不通的。如果真的是他偷的，他没有理由在认罪以后不交出黄金。所以，只能是这个曾经跟失主一起喝酒的和尚偷走了黄金。

马蹄金变身记

场景构筑

唐德宗建中初年，袁滋被任命为校书郎。前几年他在凤翔的时候，是李勉镇守凤翔府，袁滋在李勉府中任职。有一天府上举行宴会，宾客边吃边聊。大家都在议论辖境中有个县令被关押了起来，原因是偷了一坛金子。县令知法犯法令人惋惜不已，被关押在大牢，葬送了自己的前程。

原来县城里的一位老农民在田间耕地的时候，从地里挖出了满满一坛子马蹄金。周围的农民知道了，纷纷过来围观。农民就把这坛金子给送到了县府，县令看到这么大的一坛金子，很是贵重，不敢据为己有，就想赶紧上交到上面的府衙。但是天色已晚，把这么多的马蹄金放在县府的库房又有点不放心。万一库房的库管不小心给看丢了可怎么办？他思来想去就让人把这坛金子放到自己的家里，家里有家人和仆人，看管应该更细致。谁知等到了第二天，县令打开坛子查看的时候，发现坛子里的黄金变成了泥块，只有最上面的几块是马蹄金。昨天送来的时候，天色已晚，自己没有倒出来查看清楚。发生了这样的事情，县令不敢隐瞒，就把这坛金子在家中变成了泥块的事情上报给了凤翔府，凤翔府当即命人前来调查此事。金子在县令家丢失，县令也说不清楚到底是哪里的失误，导致金子不翼而飞。

百口莫辩之下也只能含冤承认自己偷偷用泥块换走了黄金。但是问到黄金的下落时，县令怎么也解释不清楚了。他刚开始说自己担心黄金被盗，把黄金藏在了院子里的粪土堆里，结果差人前去查看时，什么都没有发现。县令就说也许是被贼人看见给偷走了。等到第二天又审讯时，县令又害怕又紧张，说换取了黄金后，自己害怕被人查出来，想销毁黄金，便扔到了河里。但是询问他扔到哪里时，他说自己当时害怕，不知道扔黄金的具体位置了。问来问去，县令就是说不清楚黄金的去处，前来查案的官员就认定县令肯定是用泥土换走了马蹄金，至于黄金的下落，也许是他在隐瞒或者不想说出来。

宴会中，大家都认为是这个县令监守自盗，以身试法。李勉看到袁滋一直认真地听别人的议论，却一言不发。他知道袁滋头脑清晰灵活，就上前询问其看法。袁滋表明怀疑县令是被冤枉的，李勉就让人把案子转到凤翔府交给袁滋来审理。

袁滋接到命令后，亲自去查看了装马蹄金的坛子。他问了县令，当时说里面装了二百五十块马蹄金。袁滋去了当初得到马蹄金的农夫的家里，经过问询得知是农夫委托村子里两个年轻健壮的小伙子抬到县里的。由于金子比较重，这两个年轻人是用最粗的竹杠抬到县里的。袁滋听到这里就明白了，县令是冤枉的。这两个年轻人送去的坛子里，仅仅上层是马蹄金。至于其他的马蹄金去了哪里，肯定是一开始那个老农在撒谎，根本就没有那么多的马蹄金。后来的结果印证了他的判断是正确的。请问袁滋是怎样判定是这个老农在撒谎的呢？

头脑机关匣

想要厘清袁滋的思路，只需要运用一些常识来推理就可以了。我们知道黄金的比重是比较大的，就算马蹄金的纯度没有那么高，那分量也是不轻的。从场景构筑当中我们知道，这一大坛子的马蹄金是由两个年轻人抬到县衙里的。这就有些不合常理，这么一大坛子的马蹄金两个人是不太可能抬得动的。想明白了这一点，怎么证明该推理的正确性就不是什么困难的事情了。

解密复盘

袁滋问了老农，了解了马蹄金的大小。他从集市上收集金子，命人打成马蹄金的形状，大小让老农检验。然后发现这些马蹄金比较重，如果真的是这么一大坛子的话，大概是七百来斤。这样的重量就是再健壮的两个年轻人也抬不动。他找到了年轻人，用抬金子的粗竹杠抬东西，竹杠刚抬起三百来斤的东西时就断了。在这样的现实面前，之前信誓旦旦说是一大坛子马蹄金的老农，也不得不承认是自己撒了谎。就这样，县令的冤情得到了昭雪，袁滋释放了县令。

丢在案发现场的屠刀

场景构筑

刘崇龟镇守南海的那年，江边有很多来往的商船，很是繁华热闹。在这些商人中间，有一个有钱人家的公子，长得白皙俊俏。不同于一般小生意人的卑微，此人财大气粗，举止间很有气魄。某天，富商之子把自家的船停靠在岸边，沿河堤边走边玩。年轻的富少一路上观景赏花很是开心。等他到一处高门大院时，看到门口站着一个妙龄女子，长得妖娆美丽，这样的美女真是世间少见呀。这个女子看到门口的富少也没有躲避，富少看见美女哪里肯挪动脚步？女子看见富少风流倜傥，也是满面含笑。此时路上有行人，富少便笑着说：

“姑娘真是太漂亮迷人了，我晚上一定来找你，请帮我留好门。”

此女一听也没有生气，只是脸色微红地点点头便转身回去了。美女都走半天了，富少才回过神来。此时的年轻人心神荡漾，急盼红日坠地。

好不容易到了天黑，富少迫不及待地来约会美丽的女子。当他走到门口时，一推大门，果然门开了。他知道富家小姐的房子就在后面，便偷偷地往后走，全然不知有一桩天大的祸事在等着他。待他走到小姐门口时，发现门是虚掩的，屋里没有点灯。他心中暗喜，果然美女对他有情，给他留了门。他轻轻地推门进去，结果没走两步，就觉得脚底下一滑，摔倒在一个软绵绵的物体上。此时他吓坏了，觉得手上湿乎乎、滑溜溜的。富少把手放到鼻子下一闻，当时就吓得魂不附体，是一股浓重的血腥味。借着外面微弱的月光模模糊糊看到地上躺了一个人，吓得他不敢动，感觉自己的呼吸都停止了。稍微镇静了一下，他赶紧跑了出去，慌慌张张地回到自己的船上，赶紧解下缆绳，直接溜走了。一夜行了一百多里地都不敢停下来。即使这样，第二天还是被人查到给带到了官府。原来是家人发现女子被人杀死，看到屋里有血脚印，顺着脚印，他们追到了江边，经过询问得知富少的船半夜就离开了。这家人就去官府报了案。

富少被关进了大狱，审问他的时候，他刚开始不肯承认。最后衙门给他动了大刑，富少实在支撑不住就说了当时的情况，女子在他进去的时候就已经躺在地上了。他只是害怕被牵连，毕竟自己夜入女子的房间肯定没法解释，所以就连夜逃跑。接下来刘崇龟再怎样审问，富少就只是说自己夜入别人家，但是确确实实没有杀人。

最后刘崇龟到了现场，经过询问，女子家人说在案发现场发现了一件凶器——一把屠夫用来砍肉的屠刀，看样子已经使用很长时间了，应该是哪个屠夫应手的家伙。看到留在现场的这把屠刀，刘崇龟当即就判断这不太可能是富家公子所为，因为一个富家少年就算是要杀人也不会随身携带这种又重又笨还油腻腻的屠刀。但是单凭这把屠刀也没办法定案，事情的关键还在于怎么才能找到这把刀的主人。但是就这么带着这把杀人的凶器到处询问，就算是有人知道这把刀的主人，也不太可能告诉衙门的人，而且杀人凶手发现自己的刀留在了案发现场，估计早就已经逃到别处了。要想把真正的凶手捉拿归案，确实是一件非常困难的事情。但是刘崇龟在经过一番深思熟虑之后想到了一个办法，不仅找到了这把刀的主人，还当场抓住了杀人凶手。

头脑机关匣

破解这个迷局需要解决两个问题：第一个就是怎么才能够找到这把屠刀的主人，第二个就是怎么保证那个把屠刀掉在命案现场的凶手不会逃脱。然后我们运用逆向思维来推理就会发现，要想让知道这把屠刀主人的人能够说出实话，让凶手不远逃他乡，都需要一个共同的条件，这就是一个安全的环境。知道这把屠刀主人的人只有在不会给对方带来麻烦的情况下才肯说这些话，而那个凶手也只有在以为自己已经没有危险的情况下才不会逃跑。这就是破解谜题的推理方向了，至于到底怎么才能给他们营造一种安全的感觉，就看你能不能想到喽。

解密复盘

从现场判断女子是被屠刀杀死的，刘崇龟心想，富少一般不会随身携带这种专门的屠刀。他先把这把屠刀带到府衙。为了让凶手不至于远逃，当天下午刘崇龟把一个死囚提了出来，他告诉大家这个人就是富少，富少杀人的案子已经告破。富少杀了人，影响恶劣，当晚便当众杀了这个死囚犯。果然，过了没几天，逃跑的凶手听说富少被处死了，就感觉案子已经结了，自己安全了，就回到了家。

几天之后，刘崇龟告知辖区的所有屠户都去府衙，因为府衙要大宴宾客，要宰杀许多牲畜。所有的屠户都被叫去了，当然也包括这个杀人的凶手，结果等了一天也没人来接待他们。到了下午的时候，府衙管事的又说今天有事不用杀了，让所有人都把屠刀留在府衙，等明天大家都过来听话儿。凶手这时候已经换了一把新刀，也就放心地把刀跟其他人的一起留在了府衙。刘崇龟就把那把杀人的屠刀放在其中，并拿走了最新的一把。等到第二天大家都来时，他让所有的屠户辨认放在一起的屠刀。很多人都拿走了自己的刀，到最后还有一个屠户，他却说剩下的不是自己的刀，这时候有跟这个屠户熟识的就过来搭话：

“哎，这不就是你的刀吗？你都用好几年了，怎么还不认识呢？”

这个屠夫一听马上脸色变得惨白，正要开口再说什么，事情已经来不及掩盖了。这一切都被守在一边的刘崇龟看在眼里，听在耳中。一声令下，在场的众衙役一拥而上，把这个还愣在当场的屠夫抓了起来。

经过审问，得知原来此人手头紧，夜入民宅打算偷东西。他推开房门后，美丽的女子以为是富少前来约会，便高兴地迎上前去。屋里黑暗，屠夫看不清，他看到有人前来以为自己被发现了，来人要捉拿自己，就挥手一刀，然后夺门逃跑了。结果正好刀把女子的脖子给砍断了，当场便躺在了地上。只不过几分钟后，富少也推门进来跌倒碰到了尸体。案子真相大白，虽然富少没有杀人，但是因“夜入人家”罪也受到了杖刑的惩罚。

巧破嫂嫂诬告案

场景构筑

庄遵曾任扬州刺史，一次他去地方巡查，陵阳县的县令给他汇报前几天自己断的案子。说是村子里有个女子有天晚上被自己的小叔子逼奸，就在这个时候她丈夫刚好回来了。看到这个情况兄弟俩打在了一起，厮打的过程中弟弟把哥哥给打死了，争吵声惊醒了周围的邻居。

大家赶到现场的时候，看到满身是血的小叔子，被嫂嫂用力地扯住衣服在呼救。大家就上前帮忙按住了小叔子，进到屋里一看，兄长浑身是血，已然身亡。村里的保长第二天把弟弟给送到了官府。

县令升堂审问，嫂嫂的说法是自己稍有美貌，小叔子总是言语上挑逗自己，每次都被自己严词拒绝。事发当晚丈夫不在家，弟弟又前来骚扰。结果被回家的哥哥碰见，二人就扭打在一起。丈夫被打死，自己抓住他死都不肯松手，然后引来众人才把他抓住。

小叔子不肯承认调戏嫂嫂，说自己听说嫂嫂与人有奸情，哥哥为人老实，也不敢管，那几天自己的哥哥质问嫂嫂，嫂嫂不肯承认。这几天他担心哥哥嫂嫂又起争执，所以晚饭后来到哥哥家里，结果发现哥哥浑身是血地躺倒在地上。他抱起哥哥想问话，嫂嫂趁机把哥哥的血抹在他身上，然后开始大声呼救，还说自己想对她不轨，杀死兄长。但是县令想，肯定是小叔子顽固，如果没有杀人，哪里来的一身血？于是就命人对他行了大刑。重刑之下，小叔子只好签字画押认了罪。

庄遵看完案子，沉思了一会儿，感觉小叔子是被冤枉了，决定重新审理此案。他派人从乡下传来了嫂嫂，并从牢里提出了重刑犯小叔子。嫂嫂还是之前的说辞，小叔子浑身伤痕累累地承认自己犯了罪。最后庄遵说：

“县令办案后，本府过来复查。审查后发现，小叔子罪恶滔天，自己的嫂嫂都想侵占。为了达到目的，居然杀死了一母同胞的哥哥。这个案子本府一定以最快速度交到朝廷，尽快处死这个大逆不道的罪犯。嫂子做得没有错，放回家好了。”

县令在旁边也长吁一口气，看来自己的案子断得很合理，上司也比较满意。但是只不过一个晚上，第二天，庄遵就命人把嫂子抓了回来，并一起带回了同案犯。

头脑机关匣

有句话叫作“要知心腹事，但听背后言”，这就是这个谜题推理的内在逻辑。越是面对强大压力的时候，人们内心的提防就越是厉害，这时候他们是不可能说出任何不利于自己的事情的。聪明的判案人员都非常善于利用人在高度紧张之后心里松懈的状态，面对的巨大压力突然消失了，精神就会变得松懈，这时候听他说些什么、看他做些什么，往往会有意想不到的收获。回想一下场景构筑当中庄遵处理这起案子时的细节，如果你的观察够仔细的话，就不难明白，为什么只过了一夜他就找到了事情的真相。

解密复盘

大家都没有看到现场，很难说小叔子和嫂子哪个说了瞎话，所以当堂让嫂嫂回家。事后，他安排了两个聪明伶俐的人，当晚潜入死者的家里。果不出庄遵所料，当晚，女人的奸夫来到家中，询问女子：

“听说今天御史大人重审，周围人都在说御史办事精明善断。我这里很是担心，你今天和你小叔子当堂对质，有没有出现差错？让御史怀疑到你，事情可就不好办了。”

就听这个女人轻笑了几声：

“我家男人老实窝囊，他弟弟也是一样的没有口才。你想想我说他想非礼我，他还弄了一身血，浑身是嘴都说不清。御史再聪明也被我糊弄过去了。”

奸夫听到这里，就放下心来，二人在房中吃酒寻乐。这两个人一人回去向御史汇报了情况，一人在此监守。所以天亮的时候，这一对奸夫淫妇已经被带到公堂了，面对人证，二人再也不能抵赖，就讲出了两人合伙杀死了哥哥。抓住了真正的犯人，在大牢的弟弟也被无罪释放回了家。

桃园丢失的桃子

场景构筑

初秋的季节，天气慢慢变得凉爽起来，果园里飘着一股诱人的香味。石头一大早就来到了桃园，时近中午他已经采摘了满满二十多筐的桃子。望着这些刚刚离开枝头的桃子，石头擦了擦头上的汗水欣慰地笑了。这批成熟的桃子卖相很好，不仅个头大颜色好，口感也很棒，全都是离核的，大半斤一个的桃子一掰两半儿。一会儿拉到附近的水果市场上肯定能卖上个好价钱。

石头让哥哥把三轮车开到果园里，两个人一起把这些桃子一筐一筐地抬上车。一直把车厢装得满满的，再也装不上的时候，地上还剩下一大筐桃子。最后实在是没办法了，哥俩就打算把这筐桃子暂时留在桃园里，等到把其他的桃子卖掉之后再回来把这筐桃子拉回家自己留着吃，以防万一，还特意在筐子上做了个记号。可是没想到的是，等他们返回桃园的时候，放在桃树底下的那筐桃子竟然不见了，连筐子也一起失踪了。找来找去，最后在隔壁刘老六的桃园里发现了自己家丢失的那个筐。刘老六也是一大早就来到桃园摘桃子，这时候也是桃筐子摆满了一地。石头做了记号的那个筐子已经被刘老六给装到了车上。对于石头的到来，刘老六明显有些慌乱，但是不肯承认是自己偷了石头家的桃子，等到石头指出了筐子上的记号后又改口说自己家的筐子不够用了，看到石头家的桃树底下放着一个空筐子就拿来用了。他坚持说自己只是借用了石头家一个筐子，没来得及打招呼，自己拿筐子的时候里面什么都没有。听到刘老六的狡辩，石头兄弟俩气得青筋直暴。但是当时又没有其他人在场，没有人看见刘老六拿走的就是满满的一筐桃子。虽然石头哥俩一再说他们放在桃树下的是一筐桃子，但也许是他们离开的时候里面的桃子被别人给偷走了呢？刘老六这么一说，石头兄弟俩也有些吃不准了。但是一大筐桃子就这么没了，实在是不甘心。

石头和刘老六的争吵引来了附近果园里的村民过来围观，但是大家七嘴八舌，谁也想不出个办法来。最后有人提议请村里德高望重的李爷爷来解决问题。李爷爷不仅年岁大、辈分高，而且办法极多，在村民中有着很高的威望。

李爷爷来到现场之后，先是背着手在石头家的桃园里逛了一会儿，又到刘老六家的桃园里溜达了一圈儿，然后来到装着桃子的车旁，说："逛了这老半天有点渴了，拿你们两个桃吃。"

一边说着一边不等他们答应，就从车上做有标记的那个筐子里挑了一会儿，从下面拿出一个桃子来轻轻一掰就掰成了两半儿。不料他却说：

"这个桃子看着就不好吃，我再换一个。"

然后跳下车就要在刘老六的桃树上摘桃。刘老六一看赶紧从筐里挑了一个最大的桃子递给李爷爷，并主动给石头赔礼道歉，说是自己家孩子不懂事，不知道啥时候把别人家的桃子给搬上了车。你知道，刘老六为什么会主动道歉承认错误吗？

头脑机关匣

面对这种没有其他人在场，双方又各执一词的困境，最好的破局方法就是想办法让事实说话。这只有对眼前的事物充分了解的人才能做得到。所以作为一个推理高手，渊博的知识也是他厉害的一面。就像这个故事当中的桃子，桃子本身是不会说话的，但是熟悉它的人总能让它以某种奇特的方式给我们传达一些重要的信息。想想场景构筑当中对李爷爷身份的交代和他到现场之后一系列举动的描写，看看能不能想到他没说出来的潜台词。

解密复盘

原来，果农出身的李爷爷跟各种桃树和桃子打了一辈子的交道，对它们的特征有着非常深的了解。他来到现场之后并没有着急评断谁是谁非，而是先在各家的桃园里逛了一圈，就是要看看他们各家桃树的品种。结果发现石头家的桃是离核的，而刘老六家种的是粘核的。明确了这一点的他，就开始从筐里拿桃来验证，结果从做了标记的筐里拿出来的桃被掰成了两半儿，这就说明这筐里装的是离核桃。在场的这些人都是种果树出身的，当然就全都明白了。接下来他又要在刘老六的树上摘桃，如果掰不开的话，就等于是当众宣布了事情的真相。这时候一旁的刘老六心里不会不明白，他也知道李爷爷只顾着拿桃吃而不说别的，这是在给他留面子呢，所以就赶紧就坡下驴，顺势给石头道个歉。这事儿就算过去了。

谁捡走了凶器

场景构筑

一天傍晚时分，一个僧人走在深秋的小路上。两旁树上的叶子都已经开始掉落。僧人又累又乏，当他走到一扇高门前时，想借宿在这里，便询问主人能否留宿一晚。但是无论他怎样说，这家主人都不肯留陌生人在家。深秋的夜里实在有点冷，如果就这样睡在外面肯定容易生病，僧人看见大门口有辆车子，车子的轿厢比较不错，于是便对主人说，今晚让他住在车厢里行不行。他这样说，主人就答应了。

实在太疲惫了，僧人很快就睡着了。到了半夜觉得有动静就被惊醒了，他轻轻地撩开车帘，看到院墙上有男子正在翻墙，还拉住一位女子，两人抱了包袱。僧人一愣神的工夫，这两个人就跳下墙走远了。僧人心想自己说了许多好话才被主人收留在车厢里，明天主人起床后发现家里走失了人口，又丢了许多东西，肯定会把自己扭送到官府。自己留宿期间发生这样的麻烦，肯定说不清楚。想到这里，僧人赶紧钻出车子，逃离了这个地方。夜里黑漆漆的，僧人路也不熟，深一脚浅一脚地向前飞奔。惊慌之下，一脚踩空，感觉身体急速下坠，原来是掉入了一口枯井里。掉进去的时候，身子砸在了一个软绵绵的物体上。他用手一摸，感觉好像是一个人。他心中害怕，想爬出去，但是手都磨破了，也爬不出去，只能坐在井底。天色渐渐明亮，他看清楚了死者正是昨夜翻墙的女子。女子被杀，浑身是血，僧人也一身是血。

天亮主人追寻而来，找到了井底的两个人，僧人被绑着带到了县衙。刚开始僧人不肯承认杀了人，说自己只是借宿，并说了半夜看见有男子带女子翻墙等事。但是他浑身是血，县令以为他在狡辩。重刑之下，僧人就含冤认罪了，他说：

“我和这个女子有奸情，想把她拐走，就约定好了当晚出逃。结果路上两人起了争执，我气急之下就把她给杀了，杀了后我担心尸体被发现就想扔到井里。但是不小心自己也跌下去了，结果也爬不上来了。”

县令询问带走的包袱和杀人的刀在哪里，僧人哪能知道呢？他说就放在井边了，也许是被过路的人给捡走了。县令就此结了案，把僧人打入大狱。然后案子上报给了当时的丞相向敏中。向敏中当时兼管洛阳，他看到此案时觉得肯定是冤案，决定重新审理此案。向敏中提审僧人，僧人觉得女子的死和自己有关系，说不定是前世自己欠了女子的一条命，再说真正的杀人犯没有找到，自己怎样解释都没有用。所以他对向敏中说人是自己杀的，包袱和刀被人捡走。向敏中多次开导他，一定要为死者申冤，不应该放过坏人，于是僧人就说了事情的经过。

向敏中对外人说僧人的案情重审后定了下来，就是僧人杀了女子，然后偷偷地派差人去调查。差人来到发生命案的村子里，装作过路的商人去一家饭店里吃饭。饭店的一个老妇人不知道他是官差，就和他聊天，当得知是从洛阳来的时候，就询问僧人案子的情况。差人说：“那个僧人杀人的案子已经完结了，僧人受到鞭刑，已经在集市上被处死了。”

老妇人连声叹息道：“实在太可惜了，如果现在抓到真正的凶犯，官府会怎样处理？”

差人说：“官府既然已经结案，僧人被处死了，即使现在发现真正的凶手，也不会前来捉拿。”

老妇人听罢就说：“这个僧人是被人冤枉的，死去的女子是本村的一个少年给拐出去杀死的。”

官差听到这里，就随口问少年的家在哪里，老妇人就指了指少年的家。然后官差回去把自己了解到的情况跟向敏中做了汇报。随后向敏中派人捉住了少年，并在少年家中搜查出了包袱和杀人的刀具，然后僧人被无罪释放。官府和百姓都传颂向敏中断案如神的故事。那么向敏中是根据什么确定这个僧人是被冤枉的呢？

头脑机关匣

向敏中看到这起案件时就感觉这个僧人是被冤枉的，靠的绝不仅仅是个人的感觉，这里面有个很巧妙的推理。要想理解向敏中的推理过程，我们需要对人们趋利避害的本性，有非常深刻的把握才行。而引发这个推理的点就是那个直到定案都没有找到的杀人凶器和包袱。虽然这个僧人说可能是被过路的人给捡走了，但是不妨设身处地地想象一下：一把杀过人的带血的刀，被别人捡走的可能性会有多大呢？想明白了这点，你也就具备推理高手的能力了。

解密复盘

向敏中看到县令断下的案子，他发现案件中的包袱和杀人的凶器一直没有下落。经过仔细调查后，还是没有查到包袱和凶器。一般发生了凶案，万一有人捡到，就算是有个包袱，但是旁边放着一把带血的尖刀，也没有什么人敢把这样的凶器给带回家的。一般看到凶器的人，要么是多一事不如少一事，假装没看见，赶紧走开；要么就是直接报官，把这些东西交到官府。但是包袱和凶器一直没有下落，那就证明真正的凶犯把这些东西都藏了起来。所以，向敏中以此断定，这个僧人是被人冤枉的，真正的凶手另有其人。

寿宴上的毒酒

场景构筑

唐朝德宗年间，杨亚镇守扬州，当时他辖区有一户富足的人家。这家大财主的老婆死了，后来又娶了填房。大老婆死前留了一个儿子，填房没有孩子。有一年大财主生病死了，临死前把家里的财产分给了儿子和填房。在大财主的面前，二人都表示财产分割得很公平，儿子为了让父亲放心，表示会善待继母。结果等到大财主葬礼结束后，儿子就变了脸，不给继母好脸色。等到过年的时候，赶上正月初一是继母的大寿，这小财主和他的老婆前来给继母做寿。继母一看孩子都过来看望自己，分外高兴，也不计前嫌。一家人其乐融融地围着桌子吃饭，儿子不断地给继母夹菜，儿媳在一旁负责斟酒。儿子举杯向继母敬酒，继母看到儿子如此恭敬，就高兴地喝了。而后，继母也端起面前的酒杯向儿子表示谢意，谢谢他们前来给自己祝寿。继母说：

“今天我过生日，你们夫妻前来，我非常高兴，母亲也回敬你一杯。”说完站起身来。

小财主听到这里赶紧也站了起来，小财主接过继母手中的酒杯，高兴地端到嘴边。突然，他脸色一变，说怀疑继母在酒里投毒，说完把酒泼到了地上。地上登时就“噗”的一下，冒出了许多泡泡。儿子和媳妇一下子抓住了继母的衣服，大声呵斥继母，说她想用毒酒害死自己，幸亏自己没有喝到毒酒。继母哪里肯承认自己下了毒。结果双方就闹上了公堂。

公堂上，小财主说："我好心给母亲做寿，她却下毒想毒死我，好独得父亲的遗产。"

老妇人眼泪汪汪地分辩："他们夫妻自从老爷下世就对我不理不睬，但是我过生日，他们夫妻都来贺寿，我也比较开心。我确实没有投毒，全是他们胡说八道。他们想害死我，想独自霸占我的那一份财产。"

双方各执一词，都说自己是被谋害的，弄得当时的县令都不能断定二人到底谁说了谎话。酒被泼在了地上，由于时间关系，也查不出证据。单单是酒壶的话，壶里面的酒没有问题。也许是在一杯酒里做了手脚。真相到底是怎样的？到底该关押哪一个？县令没有了主意。因为这家是当地有名的财主，所以整个扬州都在传这起案子。

案子传到了扬州知府杨亚的耳中，杨亚把县令叫过来说："把原告、被告都带到州府里面，我不出三天就能断定到底谁是罪犯。"

果然，不过是第二天，杨亚就断了此案，找出了案犯。请问，杨亚是用什么方式把这桩没有证人的案子，断得清楚明了的呢？

头脑机关匣

一个推理断案的高手总是能发现别人发现不了的东西，然后在不经意间直达事情的真相。这桩案子最重要的线索就在现场，仔细回顾一下场景构筑中对寿宴上一些细节的描写。如果观察足够仔细的话，你完全不用听任何人的辩解，单凭这一点就能做到明察秋毫。至于那些被当事双方的话给弄得没了主意的人，多半是受到了他们言语的迷惑，而忽略了现场的细节。所以，要想弄明白杨亚是怎么破这起案子的，只要想想有什么办法能够还原当时的场景就豁然开朗了。

解密复盘

其实案件中现场就是三个人——继母、儿子和媳妇。杨亚命人把三人分开，严厉地对小财主说："你说母亲想用毒酒毒死你，那么酒是哪里来的？"小财主一看是州府审问，当时比较紧张，就脱口而出："酒是自己买的。""你母亲亲自给你端的酒吗？""是的。""酒是谁倒的？""酒是小人的媳妇倒的。""酒是你媳妇倒的，投毒的应该是你媳妇，和你继母有啥关系？小小贱民，你以为官府的人都是傻子？！"小财主吓得说不出话来。然后杨亚又分别审问了媳妇和继母，最终弄清了事情的真相，原来是小两口惦记继母分的家产，想趁机陷害继母，得其家产。

将军粗中有细查贩盐

场景构筑

大宋年间，在武行德将军镇守东京洛阳的时候，朝廷颁布了盐法，禁止私人贩卖食盐，食盐都要从朝廷规定的地方购买。为了监督私人贩盐，朝廷出台了举报有奖这条律法，如果发现有人贩卖食盐，只要超过一斤，举报人就有奖赏。这样一来，就给了坏人可乘之机，不但有人被诬陷，还有很多人故意设局，然后等着领奖赏。

某天，家中贫寒的栓子身背菜筐去城里卖菜。栓子刚十来岁，但是家中贫寒，家里还有弟弟妹妹，自己是长子，小小年纪就要为生计奔波。父母双亲在田间劳动，他尽自己所能减轻父母的负担。栓子起得比较早，路上的行人还不多。感觉到疲惫的栓子就把菜筐取下来，打算歇会儿继续走。

这时路上走过来一个中年尼姑。出家人比较慈祥善良，见到栓子在此休息，就问他是不是要进城。栓子点了点头。

尼姑说："太好了，我今天正好是进城办事，咱们一起走吧。我还能帮你抬下筐子。"

"那怎么能行呢？我自己就可以了，不劳烦您了。"栓子婉言谢绝。

中年尼姑说："我们出家人以慈悲为怀，帮助人是应该的。"

然后不由分说就抓起了筐子的一边。栓子心中想，自己碰见了好人。二人边走边聊，走得也挺快，眼见着就要到城门口了，尼姑说："前面有人等我，我就先走了，你背着筐子慢慢排队进城吧。"

然后中年尼姑就离开了。排队进城的人不少，带行李或者物品的都要排队检查。栓子跟随着队伍到了检查的地方。一个大胡子兵卒拦住了栓子，栓子赶紧把筐子从背上取下来，交给大胡子检查。

"我这里面是自己家种的青菜，要去城里卖了换钱。"

大胡子也不说话，就伸手到背筐里面去翻腾。

小栓子小声说："您轻点，菜叶都翻断了。"

话音还未落，就见大胡子从菜筐子里找出一块白色的绢帕。大胡子打开绢帕，栓子愣住了，里面包的竟然就是食盐。

栓子被大胡子带到了武行德的府上。武行德一看这个孩子小小年纪就胆敢私自贩盐，真是想不到呀。

大胡子递上了绢帕包着的食盐，说："大人，您看这有两三斤。"

"嗯，拿上来，我看看。"

接过大胡子递过来的白色绢帕，绢帕上散发着幽幽的熏香的香味。看看堂下跪着的少年，衣服上都是新补丁摞旧补丁的，鞋子都露出脚趾了。他低头和蔼地问小栓子：

“孩子，你别怕，你的筐子被别人碰过吗？或者你背菜筐时有什么人出现在你跟前吗？”

小栓子虽然害怕，但是脑子好使：

“大人，我半路碰见一个中年尼姑，她帮我一起抬过筐子。她应该是个好人，除了她没有人碰过筐子。盐我也不知道怎么回事。”

武行德听到这里顿时就明白了，他当下就断定是附近天女寺的尼姑伙同城门的兵卒一起设计陷害善良的小栓子，当即他命令自己的亲信带小栓子去天女寺辨认中年尼姑。等把中年尼姑带到堂上一问，正如武行德所判断的那样，尼姑和看门兵卒商量好的陷害路人，然后骗取官家的赏钱。武行德重责了中年尼姑和大胡子兵卒。这件事情以后，那些企图钻空子领赏的人都不敢行骗了。大家佩服之余，也都疑惑，为什么武行德简单地看了一眼，就能判断小栓子是受人陷害呢？

头脑机关匣

小栓子贩卖食盐这件事，看起来是人赃俱获，没有什么值得怀疑的地方。但是如果你足够细心的话，你就能发现这当中有一个跟小栓子的身份和条件非常不符的东西，就是这件东西帮助武行德找到了正确的侦查方向。回顾一下场景的描述，发现了这件东西就等于找到了真相。

解密复盘

穷苦人出身的武行德看到衣衫褴褛的孩子，从穿衣打扮就知道孩子的家庭条件不好，可能他的整个家庭都不会有件像样的物品。手帕上特殊的熏香也让人想到了天女寺的熏香，他肯定了尼姑是手帕的主人。而尼姑不会平白无故地陷害，背后肯定有利益关系。

歹徒自残的阴谋

场景构筑

波特是一个格斗高手，在纽约市一家跆拳道馆做兼职教练。但是他看起来却并不像是一个剽悍的人，瘦削的身材藏在宽松的外套当中甚至给人一种弱不禁风的感觉。单从外形上来看，谁也想象不到他精瘦的身体中蕴藏着惊人的爆发力。也正因为这样，他经常会在课堂上受到学员们的挑战。但是第一次往往就成了唯一的一次，见识了波特的实力之后他们就不会再有这样的想法了。

晚上十点半，波特结束了跆拳道晚上的课程，一个人漫步在纽约的街头。虽然已经接近深夜，但是街上来来往往的行人并没有减少多少。可当他从主街拐进一条小胡同的时候，一双躲在阴影里的眼睛正盯着他消瘦的身影。这个躲在暗处的人从身形上来看要比波特健硕多了，这让他根本就没有把波特放在眼里。看着波特慢慢地朝他走来，他带着轻蔑的微笑把手中的刀悄悄地收了起来。也许在他看来，用刀来对付眼前这个瘦弱的男人也太丢人了。

可是很快他就开始为自己的决定感到后悔了。当他跳到波特面前全力挥出一拳准备把面前这个瘦小男人打倒的时候，却莫名其妙地感觉胸口一疼，还没明白怎么回事儿，自己就已经躺在地上了。躺在地上的瞬间，他就明白这是遇见高手了，翻身爬起来就跑。可是没跑几步，就感觉后背上挨了一脚，就又趴在了地上。身上的刀也被摔了出来，波特走过来，捡起了地上的刀在手里掂了掂，又不屑地扔在他身旁，冷冷地盯着这个偷袭者。这次他没敢再跑，而是坐在地上看看这个奇怪的男人。他不准备再出手了，要把对方打倒显然是不可能的事情，就算是自己手里拿着刀也没有多少胜算。但是他不知道这个奇怪的男人会怎么对待自己，毕竟是自己先偷袭的。突然他灵机一动，迅速抓起波特扔在他身边的刀，左手握刀，对着自己的右胳膊就砍了下去，然后开始扯着嗓子喊救命。

没过多久，波特就跟这个自残的壮硕男人一起被送进了警局。一同被送来的还有那把带有他们两个人指纹的刀，现在成了波特抢劫伤人的凶器。波特想为自己辩解，但是对方一口咬死是波特持刀抢劫砍伤了他。这个小胡同没有摄像头，对方胳膊上有伤，而刀上又有波特的指纹。想到这一切，波特感到了一阵恐惧和绝望，要是自己不去捡那把刀就好了。但是事情已经这样了，后悔也来不及了。波特已经做好了接受现实的准备，可是事情却出现了转机。闻讯赶来的警长在仔细查看了这个男人的伤口之后就马上把他抓了起来，并把已经被关起来的波特放了出来，并恢复了他的清白。你知道警长这么做的依据是什么吗？

头脑机关匣

凡是没有证人和证言的情况下，要想快速找到事情的真相，就得具有非常细致的观察能力和强悍的分析推理能力。在这起案件中，能够透露出重要信息的就是那把刀了。但是因为两个当事人都拿过这把刀，上面留有两个人的指纹，所以已经没有什么重要的价值了。可以提醒的是，由于施力角度的不同，自己砍出来的伤口和别人砍出来的伤口是不太一样的。如果你能了解这两种伤口的不同之处的话，那你就离超级侦探更近了一步，像场景构筑里描写的这样的案子对你来说简直就是小菜一碟了。

解密复盘

警长赶来的时候，警局里值班的警员已经把波特给关了起来，正在给胳膊上受伤的壮硕男人处理伤口。警长先是仔细查看了壮硕男人胳膊上的伤口，听他讲述了整个事件的过程，然后又到小房间里去向波特询问了一番。再次来到壮硕男跟前，警长拿出来纸笔让他把事情的经过写下来然后签字。看着他用左手握着笔在纸上不停地写着，警长的嘴角现出一抹冷笑。还没等他写完，警长就制止了他，说："你最好写上你是怎么砍伤自己然后嫁祸给别人的。需要告诉你的是，被别人砍出来的伤口创口都是上重下轻，而自己砍出来的伤口则是下重上轻。你右胳膊上的伤口恰恰就是属于下重上轻。而且我刚才观察了，你是个左撇子，这也就是你右胳膊上受伤的原因。"听完警长的一番分析，刚才还在叫嚣着让警察严惩凶手的壮硕男，一下就变得委顿下来，乖乖地道出了事情的真相。

死在仇家门前的老妇人

场景构筑

程戡是北宋人，他曾经就任虞州知州。秋天的一天早晨，程戡刚坐到堂上，就听见外面有人击鼓鸣冤。升堂一看，就见堂下跪着四个男子。男子一个个眼圈都红了，带哭腔申诉着，说他们是一母同胞的兄弟，姓张，老母亲七十多岁了，子孙成群，日子过得其乐融融。可是昨晚吃完饭，几个兄弟都各自回房，然后早晨发现母亲不见了。众兄弟赶紧寻找，结果发现母亲倒在前院陈家门前。兄弟上前一看，母亲早已身亡，于是兄弟几个就上衙门告状，说前院陈家的人把自己的母亲给杀了。程戡带上僚属吏卒前往案发现场。到现场一看，张家老母的尸体倒在陈家的大门前，周围围了好多村民。围观的村民们议论纷纷，说两家到底有多大的仇呀，竟然对这么一位上了年纪的老人下手。陈家兄弟也在大门口，看到官府来人，赶紧上前跪倒喊冤，说他们没有杀人，他们也是早上才发现张家母亲的尸体的。尸体出现在自家门前，他们也不知道是怎么回事。既然牵连到陈家人，程戡便把陈家人全部带去大堂问话。到了大堂，程戡问陈家人：

“现在你们要说实话，尸体不可能无缘无故地出现在你们家大门口。既然出现了，肯定会有牵连。你们说自己冤枉，那就先说一下你们两家的情况。”

陈家兄长犹豫了一会儿，说：

“大人，我们陈家和后院的张家由于是近邻，难免有矛盾。祖上几代都关系不和，但都是一些鸡毛蒜皮的小矛盾，之前也没有出现过命案。”

程戡问：

“祖上有矛盾，那么最近你们两家有没有发生过冲突？”

陈家兄长说：

“夏天下大雨，我家地势高，大雨时积水需要从张家的墙边往后流。张家便在自己家的前面用土垫高，不让水向后流。我们家自然不干，积水容易把房子和院墙泡塌。所以那次两家打了一架，张家的老二被我们打折了腿。最后保长出面，让我们出了医药费了结了此事。”

程戡继续询问：

“既然你们占了上风，为什么不依不饶还要杀死人家的母亲？”

陈家兄长哭着说：

“上次打架全村人都知道，祖上几辈子的恩怨。这次是有口难辩，尸体出现在自家门口，我们也不知道是怎么回事。”

程戡便把几个陈家人暂时收监。陈家人离开后，程戡便询问周围的僚属：

“你们对此案有什么看法？两家是世仇，他们谁说的是真话？”

大堂上顿时议论纷纷。大家的意见是，既然是世仇，张家老母亲的尸体又出现在陈家大门口，肯定是被陈家人所杀。不然难道张家自己杀死自己的母亲？这样也不合情理。但是程戡说了一句话：

“就是两家有世仇，尸体又出现在大门口，所以才可疑呢。”

果不出程戡所料，到了第二天他重新审问张家兄弟，就查明了案情。那么，程戡断定陈家并没有杀人的依据是什么呢？

头脑机关匣

程戡判案的推理逻辑归根结底就是“情理”两个字，人不管做什么事儿都离不开“情理”二字。凡是不符合情理的事情，其中多半有冤枉和误解。这起案件当中的情理就是，除非是抱定了同归于尽的决心，否则不可能故意把自己置于危险的境地。而在大家都知道两家有仇的情况下杀死人家的母亲，还把尸体放在自己家的门口，这等于是故意把自己全家上下老小往刑场上推，这是非常不符合情理的地方。陈家人即使要杀人，也不会做出这么愚蠢的事情。

解密复盘

程戡第二天把张家兄弟给带到大堂，他把兄弟四人分开审问。诈他们说出实情：“你们干的好事，为了报仇，把母亲给杀死，以为把尸体趁夜黑放在陈家大门口就能赖上陈家了吗？其实有人看到了你们，还不从实招来！”这兄弟几个互相不能通信，心中自然没底，所以就对程戡讲述了老母亲身患重病，已经时日不多，他们兄弟几个决定用母亲来为张家报仇，几个兄弟合伙杀死了自己的母亲。其实程戡当时看到大门口的尸体就怀疑了，既然是仇杀，就不可能把仇人的尸体摆在自家大门口。

桌子可以做证

场景构筑

唐朝贞观年间，左丞相李行廉遇到了一件麻烦事。他的弟弟李行诠前妻有个儿子叫作李忠，这李忠竟然和父亲的填房也就是自己的继母有奸情。这件事情被大家传得沸沸扬扬，让身为左丞的李行廉脸上很是没光。李忠看到传闻越来越厉害，便把继母接到自己家中藏起来，对外人说继母这几天被皇帝下诏召进宫了。俗话说捉贼捉赃，捉奸捉双。这事儿虽然有人举报，但是一直也没有证据，也没人敢把李忠怎么样。李行廉有次正好进宫，他不知道李忠所说的进宫只是一个说辞，就询问皇帝是否真的邀请李忠的继母进宫。这下子连皇帝都知道了，皇帝很是生气，就命人赶紧彻查此事。皇帝钦定的案子交到了承办官吏的手中。朝廷追查得比较紧，官吏急得团团转。李忠一看皇帝都追问此事，感觉继母被邀进宫的谎言要被揭穿。某天早晨，继母假装用披巾勒住脖子，躺在大街之上。承办官吏看到后询问怎么回事，李忠的继母回答：

“几天之前，有个骗子对我假传圣旨，说是皇帝召我进宫。此人穿着紫色的官袍，很是气派，结果他把我带进一个院子里关了我好几天。我询问他的姓名，他也不说，谁知今天早晨我醒来就发现自己被人扔到了大街上。”

此时，跟在承办官吏后面的县尉王璥说："我来帮助审问这起案子。"这种案子很难找到证人，比较难查，于是承办官吏就把案子交给了王璥。王璥让李忠和他的继母带路回到了继母的家中。无论王璥怎样问询，他们二人都不肯承认有奸情。王璥气得够呛，为了平息怒火，就让人把二人给带出去了。过了一会儿，大概王璥心情平复了，就又让人把李忠和他的继母带回到室内。当审讯进行到一半的时候，突然从外面风风火火地跑进来一个小吏，他进门报告说：

"大人，长史大人让您赶紧回去，说是有急事相商。"

王璥听罢，便对随从说：

"大家和我一起回去，这两个人暂时关在房间里，我不回来不许开门。"

说完便让人锁门走远了。二人被关在房间里，心中窃喜，心想又一次糊弄过去了。不过一顿饭的工夫，王璥便返回房中继续审案。二人继续辩解，不肯承认，但是王璥哈哈一笑，指着桌子说：

"桌子都听见你们二人苟且了，你们还不承认？"

二人眼看无法抵赖，便承认了奸情，最后都受到了法律的制裁。请问，难道桌子真的能做证吗？

头脑机关匣

想象一下，为什么事情会这么巧？偏偏就是在审案进入到僵持阶段的时候，长史大人就把所有人都给叫走了。再想象一下，这两个人在独处的房间里会说些什么呢？想明白了这些事情，就不难推理出王璥所说的"桌子都听见你们二人苟且了"这句话到底意味着什么了。

解密复盘

桌子当然不能说话，也不能做证。但是，王璥的话音刚落，就看见从桌子底下钻出一个小吏来。李忠和他的继母当时脸都白了。他们以为王璥锁上门走了，不知道桌子上铺着长长的桌布，桌子下王璥提前安排了一个人藏在下面。这两个人听见大家都走远了，就开始说："待会儿大人过来继续审问，咱们谁都不能承认。这种事情，只要不被抓现场，就死不承认。"然后又说了很多亲密和隐私的话，这些话都证明二人有私情。所以这二人看见小吏出来，就知道事情败露，无法抵赖。王璥因此也受到了朝廷的表彰。

孙沔智破盗锅案

场景构筑

宋朝时期，有天早晨，孙沔早上刚在朝堂坐好，还没来得及翻开面前的卷宗，就听见外面有人嚷嚷。一会儿过来两个人，二人边走边嚷嚷。一个是年轻人，手中拿着一口锅，一个是衣衫褴褛的老乞丐。年轻人放下手中的锅，对孙沔说：

"大老爷，小人出门在外做点小生意，卖些锅碗瓢勺之类的物品。这些物品也不是很贵，一般都放在我住的旅店旁边的小库房里。今天早晨，我被一阵声音给惊醒了，好像有人进了附近的小库房。小人我赶紧起身，连鞋都来不及穿。刚出门就看见这个无赖背着锅往门口走。我赶紧追过去拦住他，结果他还不承认偷了我的锅，只好上老爷这里让您给评评理。"

孙沔听年轻人说完，就示意乞丐说话，乞丐哭着说：

“大老爷，天大的冤枉呀。”

他边哭边举起左臂。孙沔一看，原来老乞丐只有左臂没有左手，光秃秃的手臂立在半空。孙沔顿时脸色缓和了许多。老年人手臂都没有了，看来很不容易。此时，乞丐又说：

“大老爷，我没有左手，右手您看，就剩下两根手指。我怎么可能偷他的锅呢？您就是送给我这口锅，我也拿不起来呀。”

周边的衙役看到这种情况，纷纷议论，都认为是年轻人找事，这样的一个残疾老人根本没有办法偷锅。孙沔此时也非常生气，他对年轻人说：

“你这个年轻人，人家都没有手，怎么可能会偷锅？想必是你在胡说八道。”

年轻人着急地说：

“大老爷，我亲眼所见呀，肯定不假。这个乞丐不是个好人。”

孙沔哪里容年轻人分辩？便命人把年轻人赶出了大堂。他走到老乞丐的面前，轻声地说：

“老人家，您受惊了，我一看你就是被冤枉的。这个年轻人无理，被我轰了出去，您就别再哭了。我做主把这口锅送给您，权当是作为补偿吧。”

老乞丐一直用断臂来擦眼泪，周围的人看了都于心不忍。孙沔也耐心地劝老乞丐，老乞丐缓和了一会儿，就转身背着锅离开了大堂。他刚走到门口，就被孙沔断喝了回来。老乞丐知道自己利用大家的同情心被拆穿了，就乖乖地承认了偷锅。请问，孙沔是怎样识破老乞丐的计谋的呢？

头脑机关匣

破解谜题一定要找到事情的关键。这个年轻人指控这个残疾的老乞丐偷了自己的锅。面对年轻人的指控，老人的辩解是自己是个残疾人，没有手，根本没有能力偷锅。就是把锅送给自己，自己也没办法拿走。到底谁在说谎，只要看看这个残疾的老乞丐能不能把锅拿走就可以了。说到这里，就不难明白这里的关键线索了吧。

解密复盘

二人的说辞都有道理，现场没有别人，只能检测看谁说了假话。所以孙沔假装相信了老乞丐的话，然后告诉他受了冤枉，要对老人进行物质上的补偿，可以把大堂上的锅拿走。老乞丐不知道是计，刚开始不敢接受。孙沔一直说这是应得的补偿，拿走没有关系。然后老乞丐就弯腰用右手的两个手指夹起锅沿，左臂虽然没有手，但是能帮助往上抬。等到一定的高度，他把脑袋伸进锅里面，就像戴帽子一样转身就往大堂外面走。刚到门口就被喝了回来，老乞丐就知道自己露馅了。面对老乞丐如此娴熟的偷锅动作，孙沔就知道是老乞丐说了假话。

周纡智断无手无脚尸首案

场景构筑

周纡是东汉时期的人，他最早是朝廷司法部廷尉府里的一名文员。他平时比较上进，遇事爱钻研，调查案情细心周到，所以他的审判让周围的人都很佩服。他破了很多奇案，声名远播。东汉时，国家下设侯爵封国。周纡由于才能出众，被升任昭陵侯国的国相。周纡上任后，原来封国的一个李姓下属害怕周纡的威严，担心精明的周纡以后对自己不利，打算设计给周纡一个下马威。周纡刚刚到任不久，这个下属外出正好看到一具无名尸体，尸体没有人认领，看样子也是死没多久。他把尸体的手和脚都砍掉，弄成比较凄惨的样子，然后趁天色刚亮把尸体放在衙门的大门口。

早晨周纡刚到大堂，就见守卫的人前来报告，说是衙门门口出现了断手断脚的尸体。遇到这种情况，一般的官员都是让仵作检查尸体。但是周纡不同，他亲自来到了大门口。这些差人不知道新来的国相要怎样查案，就远远地围观。只见周纡围着尸体喃喃自语，而且还用手摸摸尸体的脸，远远看着就像在跟尸体说话一样。看到周纡这副模样，众人忍不住猜测，难道国相能和尸体说话？不仅如此，周纡还不住点点头。由于周纡的大名早已传到了这个封国，大家都认为周纡有神奇的魔力，今天看到他跟一具尸体这样近距离地接触，不得不相信他能够和死去的人沟通。过了一会儿，周纡就说：

“大家散去吧，这具尸体已经把遇害的经过都告诉我了，这个案子不出三天就能查明白。”

果然，他当天就把案子查清楚了。你相信真的有人能够跟尸体说话吗？那么他又是凭借什么在短短的一天时间内就破案了呢？

头脑机关匣

断案的高手不仅需要眼明心亮，还要充分把握人的心理。现在我们当然不会相信有人能够跟尸体沟通，但我们需要把自己融入场景构筑当中的时代，这样就不难想到一个据说能够跟尸体说话的人，声称尸体告诉了他一切这样的情况会给背后的那个人造成什么样的心理压力。巨大的压力之下，会不会有所行动？这样就不难明白周纡只用了短短一天的时间就破案的原因了。

解密复盘

尸体不能说话，当然更不能对话。周纡俯身仔细检查时故意喃喃自语，所以远处站的人以为他在和尸体说话。仔细检查时周纡发现尸体的眼角和嘴唇上有一些稻芒，在尸体的头发上也有少许。所以让大家散开后，他让人把看守城门的人偷偷叫过来，询问早上看见过有人拉稻草进城吗。守门的说："我看到一大早上国相府中的一位姓李的大人拉稻草进城。"听到这里，周纡便问府中的衙役："我和尸体说话，刚才你看到了，然后有谁特意过来和你打探案情吗？"衙役说："府中的李大人过来问得很详细。"于是周纡便把姓李的抓起来，这个李姓下属眼见事情败露，只好说出了实情。说自己没杀人，是捡来的无名尸体，想给周纡制造麻烦，让周纡难堪。周纡一天破案，整个衙门的人都肃然起敬，以后再也没有人对周纡说谎了。

朱寿昌巧捉凶手

场景构筑

宋朝的朱寿昌在做中散大夫的时候，被任命为阆州的行政长官。在他的辖区内，有个富豪叫作雍子良，此人有钱有势，是乡里的一大恶霸。他倚仗家中有钱，犯下好几起杀人命案，后来都是花钱买通官府了事。长此以往，他就更有恃无恐了。不久，又一次杀了人。这次和以前一样，他找个乡里的村民替他顶下命案。由于有人顶替，官府也没有深究，就把这个乡民给投入大牢，就此结案。

案子到了朱寿昌手里，他认真查看了案件，发现案子有不合理的地方，就决定重新审理案件。他提审了关押在大牢里的乡民，乡民的口供和原来案卷上写的一样。朱寿昌觉得乡民一定是被利用了，所以心甘情愿地替人顶罪。他让身边的人都退了下去，对乡民说："你这样替人去死，自己可别后悔。"

乡民面色沉重地点了点头。朱寿昌知道这个案子的真凶就是雍子良，也想为民除害，依法惩治这个恶霸。聪明的朱寿昌随后跟这个自愿替人受过的乡民进行了一番谈话，然后这个乡民就表示愿意在堂上做证，证明真凶就是雍子良。最后，由于有这个乡民的当堂指证，朱寿昌终于得以严惩真凶雍子良。那么，你能想到朱寿昌是怎么让这个乡民回心转意的吗？

头脑机关匣

让人回心转意，就要能充分把握人的心理，找到他心理防线的薄弱之处，只要这个点找得准确，就能收到事半功倍的效果。不妨做一个假设，一个人因为达成了某种协议而甘愿替人去死，那对方对他的许诺肯定是非常诱人的。这时候他最担心的事情是什么呢？想想这个将要替人去死的人最担心的事情，再想想那个做出承诺的人一贯的行事风格。你应该能想到朱寿昌究竟对那个乡民说了些什么吧？

解密复盘

朱寿昌面对这种情况，刚开始的劝告这个乡民全然不听，他就使用了离间计："我听说你之所以心甘情愿地替人去死，是因为雍子良给了你十万钱，还说以后你们两家做亲家。他的儿子娶你家的女儿做媳妇，还答应让他的女儿嫁到你们家做媳妇。大家都这么传，是真的吗？"这个乡民听到这些话，脸色当时就变了。朱寿昌接着说："你想得太天真了，你不识字，肯定被人骗了。如果你替雍子良死了，然后按照他给你的字据，你的女儿要卖给他家做奴婢，之前给你的十万钱就说是你女儿的工钱。你死之后，他的女儿也不可能嫁到你家，他把女儿嫁给别的人家，你又有什么办法呢？”乡民听到这里，结合之前了解的雍子良的为人，就有点担心自己被骗，所以就对朱寿昌说了实话，承认自己是替雍子良来顶罪的。最终，雍子良被依法查办。大家都觉得朱寿昌英明果断，他也得到了大家的拥护。

讲故事的科学家

场景构筑

新锐科学家亚摩斯打电话报警，说有人闯进了他的实验室，打伤了他并残忍地杀害了他的助手丽莎。安迪警长一听，马上驱车赶往现场。亚摩斯的实验室在实验楼的顶层，楼下有保安看守，还安装有摄像头。看见这些，安迪心想，这次不管是什么人作案，破案应该都不是什么难事。因为不管是谁进入这栋大楼，都会被楼下的摄像头拍到，而且门口的保安也会有印象。

到达现场之后，安迪看见亚摩斯的实验室一片狼藉，好多仪器设备散落了一地。一个漂亮的年轻女性躺在地上，胸口留有好几处刀扎的伤口。身下还压着一些仪器，应该是倒下的时候碰倒的。安迪近身查看，发现她已经没有了生命迹象。流出来的大量鲜血让现场弥漫着一股浓重的血腥味，安迪想这应该就是亚摩斯在电话里说的那位被杀的叫作丽莎的助手了。而打电话报警的亚摩斯现在半靠着实验台坐在地上，雪白的工作服和脸上都弄得血迹斑斑，眼神中透露着些许昏迷苏醒后的迷茫。看到安迪进来，亚摩斯努力地起了起身，但是却没能爬起来，显然也是受到了伤害。安迪赶紧蹲下来检查了一下亚摩斯的身体，发现没有什么明显的伤口，心想他可能是受到惊吓的缘故吧。毕竟这些科学家都是些读书人，哪里见过这样血腥的场面。

安迪把亚摩斯扶起来坐在旁边，然后亚摩斯给安迪讲述了案发的经过。亚摩斯说他认识那个凶手，名叫格兰姆。上学时他们是同学，毕业后各自去了不同的单位发展，但是依然在同一个领域做研究。最近自己的研究马上就要出结果了，这让格兰姆特别眼红。亚摩斯说格兰姆曾经跟他说他老板愿意出高价购买他的研究成果，但是都被亚摩斯拒绝了。他觉得自己的研究之所以能够出成果，跟自己公司的支持是分不开的。成果是属于公司的，他不能选择背叛。

“他对这一切怀恨在心，今天就是特意来报复的。他经常到实验室来找我，所以楼下的保安也没拦他，连他藏在身上的刀都没有发现。他一进来就拿刀威胁我交出实验的数据，我哪能让他得逞？于是他就把我打倒在地，想要行凶。这时候我的助手丽莎刚好从外面回来，就不顾一切地扑在我身上保护我。这个丧心病狂的家伙竟然在她身上扎了好几刀。要不是丽莎扑在我身上的话，死的就是我了。我当时真想冲上去跟他拼命，可是我一见到血就浑身无力。丽莎的鲜血弄了我一身，我当时就昏过去了。等我醒过来的时候，丽莎躺在那里已经死了，而那个可恶的凶手格兰姆，不知道什么时候已经逃跑了。都怪我，昏迷了那么久，那个家伙肯定已经跑远了，我都没能通知楼下的保安拦住他。警长先生，请您一定要抓住这个冷血的杀人凶手，为我们伸张正义，替死去的丽莎报仇。”

安迪一边认真听着亚摩斯的叙述，一边看着不远处躺着的丽莎的尸体，突然举手打断了亚摩斯：

“没错，凶手是一定要抓住的。正义也一定会得到伸张，被害的丽莎也不会白白死去。不过现在，我想请你去一趟警局。你需要在路上好好再回想一下当时的情景，也许在警局里你可以把事情的另外一个版本告诉我。这才是我想听的。”

后来，在种种证据面前，亚摩斯终于承认是自己杀害了助手丽莎，并嫁祸给自己的竞争对手格兰姆。那个所谓的研究成果，其实是格兰姆的研究成果，后来被亚摩斯给窃取了。这次格兰姆前来是让他归还数据并道歉的，他们的交谈被在一旁工作的丽莎听到了。亚摩斯当面表示了歉意，但是等格兰姆走后就杀害了助手丽莎，并嫁祸给格兰姆。却没想到自己编造的故事还没讲完，就被安迪警长给识破了。你知道安迪警长是怎么识破亚摩斯的谎言的吗？

头脑机关匣

所有撒谎的人都有一个通病，为了突出自己所说的事情的真实性，常常会下意识地去描绘一些细节。但是往往就是特意突出的细节会暴露出撒谎的真相。回想一下场景构筑当中亚摩斯对于整件事情的叙述，再对照现场的细节，那些矛盾的细节不难被发现。

解密复盘

安迪警长在刚赶到现场的时候，就看到了倒在一边的美女助手丽莎的尸体，胸前还有好几处刀扎的伤口。但是后来亚摩斯在讲述事件的经过时却说，当格兰姆要杀害自己的时候，一直对自己心存好感的丽莎奋不顾身地扑到了自己的身上。丽莎挡住了扎向他的刀，他被救下来了，但是丽莎却付出了生命的代价。如果真的按照他所说的那样，那么丽莎尸体上的伤就应该是在后背。但是安迪警长看到丽莎的伤口是在胸口的位置，出现这种矛盾，答案只有一个，那就是亚摩斯在撒谎。

画蛇添足露破绽

场景构筑

一个寒风呼啸的上午，刚刚上班的律师伊森正坐在办公室里看着报纸，这时候门被打开了，助手带着一个衣衫单薄的年轻人走了进来。伊森让助手给这位年轻人煮了一杯热咖啡，让他坐下来慢慢说。这个叫作布兰顿的年轻人说出了十几年前的遭遇：

原来，这个叫布兰顿的年轻人出生在当地一个农场主家庭，父亲拥有一座规模不小的农场。按说这应该算是一个幸运的人，但是命运偏偏就是那么无常。怀布兰顿的时候，他的母亲就已经四十多岁，后来在生布兰顿的时候因为难产去世了。失去母亲的布兰顿跟着父亲一起生活。好在有这个规模不小的农场在，父亲又对他宠爱有加，他童年的生活还算是比较幸福的。到了布兰顿十岁那年，附近一个更大的农场主塞巴斯蒂安劝说父亲把农场卖给他。但是布兰顿的父亲始终没有答应，还告诫小布兰顿，这座农场是家族几代人努力的心血，不管遇到什么样的困难都不能卖掉。由于布兰顿父亲的坚决反对，农场收购的事情也就没人再提起了。但是，这件事情过去不久，就爆发了可怕的瘟疫，布兰顿的父亲也被瘟疫夺走了性命。失去了父亲的布兰顿一下子变得无依无靠，但是事情却比他想象的还要糟糕。父亲刚刚去世，塞巴斯蒂安就带着农场的买卖合同当众宣布现在农场已经归他所有，并对年幼的布兰顿说，限他在三天之内从农场的房子中搬走。布兰顿无论如何也不相信父亲卖掉了农场。但是塞巴斯蒂安手里握有合同，没有人肯相信一个十岁孩子说的话。三天以后，布兰顿远嫁的姑妈就把他接去，他在姑妈的家里寄居了十年之久。

十年之后，长大成人的布兰顿返回家乡，想要讨回公道。可是对簿公堂时，对方不仅拿出了当年的买卖合同，还拿出了这些年向政府纳税的证明，法官也据此判定塞巴斯蒂安胜诉。不甘心就此罢休的布兰顿就找到了伊森这个当地最有名气的律师，希望他能够帮助自己。

听完布兰顿的叙述之后，伊森通过关系找到了塞巴斯蒂安提交的证据：一份农场买卖的合同和这些农田十年来的税收证明，税收证明上的田亩数跟合同上的田亩数刚好可以对得上。

“这些交税的证明都已经核查过了，没有造假的可能。你就不要在这件事儿上白费力气了，这明显就是布兰顿在敲诈。证据就摆在眼前，还有什么好说的呢？”

一位参加过庭审的朋友在一旁劝说伊森不要接这种没有什么胜算的案子。可是伊森却只是微微一笑说：“塞巴斯蒂安的农场里的土地可不仅仅就这些，怎么不见他其他土地的完税证明呢？”

“他就只给我们提交了这些。我们也问过这个问题，他说他并没有收藏这些证明的习惯。再说目前提供的这些就足以证明这些土地的归属了。其实根本用不着这些，只要有那份农场买卖的合同就足够了。塞巴斯蒂安也是有点过于小心了。”

这位朋友的回答让刚才还在紧皱着眉头的伊森眼中一亮，他知道自己终于找到案件的突破口了，然后他信心满满地对这位朋友说：“恰恰相反，真相并不像我们看到的那样，它就藏在这些所谓的证据当中。”

后来，伊森走访了当年的邻居和在农场干活的人，终于查到了事情的真相，并在法庭上帮布兰顿讨回了公道。那么，伊森是通过什么判定布兰顿所说的就是事实呢？

头脑机关匣

有些看似无懈可击的事情，它最大的问题就在于过于完美。人们为了让一件事情看起来毫无漏洞，常会提前做很多的准备工作，特别是在圆谎的时候。为了做到万无一失，常常会做一些画蛇添足的事情。自以为这样做会更加保险，却不知道这看似毫无漏洞的应对措施反而会成为整个事件当中最大的漏洞。回想一下场景构筑当中所提到的塞巴斯蒂安所做的事情，哪些其实是没必要的？这里面就藏着抵达真相的关键线索。

解密复盘

当伊森听完朋友那番话以后就想明白了，塞巴斯蒂安早在十年前就开始为这场官司做准备了。他并没有收藏历年完税证明的习惯，却单单留下了从布兰顿那里收购来的那些土地的完税证明。这就说明他就想到有一天会因为这些土地惹上官司，所以早在十年前就想好了应对的措施。他这么做的本意是要用真实的完税证明来增加他提交证明材料的真实性，来借机转移法庭对合同真实性的关注。这在外人看来却是没有什么必要的举动，但在一个律师的眼里，所有反常的细节都有可能隐藏着事情的真相。所以，就因为他的这些举动，让伊森认定塞巴斯蒂安是有问题的。

不明来历的女儿

场景构筑

宋朝天圣九年，有起案子让人头疼不已。河南伊阳县有一对夫妻在当地是大户，有很多房产和土地。这家男人姓贺，娶妻刘氏。这个贺姓男子在咸平二年就因病去世，留下妻子一人一直到天圣九年去世。两个人无儿无女。由于贺家没有孩子，等到贺家的老人去世后，官府就准备没收全部家产和土地，全部归公。这时，一个女子到公堂上说自己是贺家的女儿。这个女子说小时候被人拐卖离开了贺家，最近才知道自己是贺家的后代。现在自己无依无靠，没有亲人，希望官府能把贺家的房产和土地归还给她。官府接到申诉就去贺家的邻居那里调查。结果邻居证明没听说过贺家生过女儿，更没听说过被人拐走。官府就轰走了这个女人，贺家的房产和土地都归了公。

过了没几年，原来做证的邻居去世了，这个女子又来上诉。她要求官府归还原本贺家的财产。现在贺家人都去世了，原来的老邻居也去世了，没有了人证。案子在县令那里很久都没能决断，因为既没有人能证明这个女子说的是假的，也没有人能证明这个女子说的是真的。等到尹洙就任伊阳县令时，他决定重新审理之前积压的案子。看到了这个案子后，他就觉得这个案子没有什么麻烦的地方，怎么会拖到了今天还不能结案？他便命人传唤了这个女子。只不过问过几句话后，他便对这个女子说：

“你一直上诉，说自己是贺家的女儿。你今年多大了？”

女子回答道：

“我今年三十二岁了。”

尹洙就断喝道：

“你这个大胆的女子，连番申诉想骗回贺家的财产，把我们这些人都当作是傻瓜吗？难道不知道自己是在犯罪吗？”

女子连忙说：

“小女子不敢，小女子说的是实情。”

尹洙听她说完，就把一个本子放到她的面前，女子看到本子就赶紧低下了头，承认自己行骗，想冒领贺家的财产。请问，尹洙用什么方法让女子认了罪？

头脑机关匣

破解这个谜题的关键之处就在于年龄上，需要对宋朝的年号有一定的了解。如果你对这一点比较熟悉的话，只要仔细回顾一下场景构筑当中对年号和年龄的表述，就不难发现她的漏洞出在什么地方了。

解密复盘

尹洙上堂之前，让人拿来了户籍本，他详细查看了贺家的户籍。贺家的户主在咸平二年的时候就去世了，后来的户主变成了贺家的妻子刘氏。这个女子今年三十二岁，那就是说女子是在咸平五年的时候才出生的。那么贺家怎么可能在死后生女呢？

假偷盗，真报复

场景构筑

某市刑警队大队长张明是个从警二十多年的老刑警，断案的经验非常丰富。在他的带领下，全队上下十几名刑警经过几个月的奋战刚刚破获了一起震惊全国的大案，正准备给队员们放两天假让大家休息一下，就又接到了从下属派出所转过来的一个案子。

这原本是一起入室偷窃案，本来不用他们亲自来处理的。但是这个窃贼却是出奇的残忍，家里贵重的东西几乎被洗劫一空，最可恶的是竟然把睡在房间里的女主人的右手给齐腕砍断了。等警察和医生赶到的时候，女主人已经因为大量失血而陷入了深度昏迷，现在还在被全力抢救当中。接到警情通报之后，还没来得及休息的张明就带着两名刑警赶到了案发现场。

案发的三层别墅位于一个高档小区内，一层是客厅和客房，二层是主人的房间，三层因为视野开阔和极好的采光条件被主人设计成了书房和健身房。别墅内的装饰和摆设很是豪奢，男主人说整个一楼那些值钱的字画和摆设的工艺品只要能拿得动的都被偷走了，价值上百万元。而他的妻子当时就睡在二楼的主卧室内，是在卧室的床上被砍伤的，超大的豪华皮床和周围的地上被溅得血迹斑斑。

看完现场之后，同去的刑警跟张明说这小偷简直是太可恶了，不仅贪财还那么残忍，简直是不可理喻。另一位刑警说也可能是小偷在偷东西的时候被女主人发现了才伤人的。听着自己的两个下属对于案件的讨论，张明并没有做任何评价，沉思了好一会儿之后才对男主人说：

“谈谈你们的社会关系吧，尤其是最近有没有跟哪些人结下什么仇怨。这恐怕并不是偷窃这么简单，报复的可能性比偷窃的可能性更大。”

随后这栋别墅的男主人告诉他，自己是靠承包工程起家的，前不久为了一个大工程的投标工作，跟一个十几年的同行好友产生了分歧。这个朋友的公司状况一直都不是很好，已经到了破产的边缘。这次投标就成了他最后的救命稻草，而自己却是这位朋友最大的竞争对手。原本自己已经答应了这位朋友，把这次机会让给他，可是到了最后的关头还是没能抵挡住工程巨大利益的诱惑，把这位朋友挤下去了。此后对方就一蹶不振，现在已经进入了破产清算的流程。

得知这一线索之后，张明知道自己找对了侦破的方向。通过大量的走访和对嫌疑人的蹲守，终于找到了事情的真相，原来这起看起来是盗窃案的案件其实是这个已经破产的老板实施的报复行为，那个残忍的小偷就是他雇来的。那么，张明是根据什么认定这是一起报复案而不是偷窃案的呢？

头脑机关匣

想想一个入室偷窃的小偷，他最大的企图是什么？最担心的事情又是什么？然后再结合场景构筑当中的一些细节看看这个入室偷窃的小偷的行为，就不难看出张明为什么说报复的可能性比单纯偷窃的可能性更大了。

解密复盘

假设这只是一起单纯的入室偷窃案，那么小偷最大的企图就是偷一些贵重的物品。他最担心的就是被主人发现从而闹出更大的动静。但是从现场看来，这个小偷的行为完全不符合这一逻辑。首先他已经偷走了摆放在一楼的价值百万元的贵重物品，而女主人是睡在二楼的主卧室内的，他完全没有必要再上楼砍伤女主人。即使是女主人发现楼下有贼，小偷情急之中伤害了女主人，他也不会选择砍断女主人的手腕，因为这样只会让自己置身于更加危险的境地。所以，唯一合理的解释就是这个人是专门来实施报复的。至于偷走了一楼那么多贵重的物品，不过是想要转移警察的视线，不让他们怀疑到这家人的仇人身上。

馓子碎了多少

场景构筑

一个天气晴好的上午，王憨吃过早餐之后就急匆匆骑车往县城赶。马上就要到麦收的季节了，他得趁着这半天的时间到县城置办一些顺手的器具。骑车在人来人往的河堤上，王憨一边琢磨着今天该买点啥，一边嘀咕着今天去县城赶集的人还真不少。突然对面一声响亮的汽车鸣笛把他吓了一大跳，抬头一看，是那辆通往乡镇的公交车迎面开了过来。匆忙之中，王憨只好朝旁边躲闪，将将躲过公交车之后却不小心挤倒了另外一个骑自行车的人。那人倒地之后，绑在后座上的一个大纸箱子顺着河堤一路翻滚下去。

王憨赶紧把自行车放在旁边来到这人的跟前，一看原来是隔壁村的老张头。他经常在县城摆摊卖馓子，这次也是装了一箱炸好的馓子准备到县城去卖，没想到半路上就被王憨给撞倒了。看到老张头没受什么伤，王憨就赶紧到河堤下面把箱子给搬了上来。可是一打开才发现满箱子的馓子都已经被摔成了碎末。老张头一看满满一大箱子的馓子摔成了碎末卖不出去了，就要王憨赔偿自己的损失。王憨自知理亏也答应赔偿，但是等老张头说出要自己赔偿两百把馓子的时候就彻底不干了。在王憨看来，虽然这个箱子不小，但是这么一箱子馓子也不过五六十把，现在老张头却狮子大开口要自己赔两百把，这摆明了就是敲诈。但是老张头一口咬定就是两百把，自己早上数得清清楚楚的。现在这么一箱子的碎末也没办法确定到底有多少把。争执不下的两个人就一起到县城派出所找人解决。民警小张一听就明白这是老张头在讹人呢，于是就想了一个办法，让王憨去附近的市场上买来几把馓子，然后老张头主动说出了馓子的真实数量。聪明的你，能猜到民警小张是怎么做的吗？

头脑机关匣

作为一个推理的高手，不仅要看到事情的表面，还要能看到事情的本质。从表面上看那些馓子确实是被摔碎了，已经没办法数清楚了。但是因为箱子并没有摔破，也没什么东西漏出来。那么是不是有些东西没有发生变化呢？这个没有发生变化的东西就是破解谜题的突破口。

解密复盘

聪明的民警小张让王憨去集市上分别从几个店铺各买了几把馓子回来，然后问老张头他们家的馓子跟哪个一样大。等老张头选了一个之后就让人称了一下馓子的重量，然后又称了一下老张头那个箱子的重量。这样一来，馓子的数目就很清楚了。在铁一般的事实面前，老张头不得不说出馓子的真实数量，并为自己之前的举动向王憨道了歉。

欧阳晔计断凶杀案

场景构筑

欧阳晔是宋朝大文豪欧阳修的叔叔，就任都官时曾主持端州。当时有个积压的案件，这个案件发生时间太久了，历任的官员都查不出案件的凶手，所以一直也没有结案。

事情是这样的：在端州的辖区内有条河，在河的两岸有很多船只。来来往往的人需要渡船，这渡船的生意长期被李家、王家这两大家族把持着。时间长了，这两家就为生意起了矛盾。有一天晚上，两家为争生意而起了冲突，一下子卷进来两个家族的二三十口人。结果李家的一个壮年被人用刀砍伤右肋后不久就死了。这是打群架，到底是谁杀了人，大家都不知道。夜晚昏暗没人能看清当时的具体情况，真正杀人的人也不敢站出来。等到县令仔细调查时发现，当时局面比较混乱，刚开始双方只是言语上起冲突，最后到底谁先动手双方各执一词，也没人看清楚到底是谁杀了人。李家的人死了，李家一直在告状。但是王家也在喊冤，说当时混乱也许是李家的人自己伤了自己。没有人知道到底是谁给了李家人致命的一刀，就这样案子一直没有结案，只是把当时参与打架的王家的十来个男子都抓进了监狱，等有了新的证据后再结案。

欧阳晔到任后，看到了这起案子，决定重新审理此案。他事先让人找出之前审案时的记录，看到被杀者的死亡原因是被人用刀重伤了右肋，这个伤口导致了伤者流血过多直接死亡。看到这里他对身边的僚属们说：

“事情并没有大家说的那么难以决断。虽然案子发生已经很久了，但还是能找出真正的凶手的。你们都说说有没有什么好的办法？”

众人纷纷摇头。这个案子在坊间已经传遍了，都说是群体事件，没有人能分清楚到底哪一个是凶手。欧阳晔说道：

“查案子时，细节很重要，不出三天我就能查出哪一个是真正的凶手。”

众人问有什么办法，欧阳晔说：

“既然这些人都不肯承认自己杀了人，那就请大家吃饭好了，很多事情在饭桌上也能说得明白。”

大家不明白他葫芦里到底装的啥药。他便命人把之前关押着的王家的十来个人都给放了出来，去掉他们的枷锁和脚镣后，告诉这些人之前的官员没能判断出到底谁是凶手，结果让大家都受牵连，集体都坐牢。自己新上任，在这里请大家吃好、喝好。案子以后重审，释放无罪的人员。这些人被关押很久了，终于能坐在庭院的阳光下吃饭了，过程还是比较欢快的。等大家酒足饭饱后，欧阳晔让差人把这些人重新带回到了牢房。人一个个被带回去了，到了最后只剩下一个人，欧阳晔就盯着他看。这个人不见有人带自己回牢房，脸色当时就变了。他不敢直视面前的欧阳晔，欧阳晔说：

“事情虽然过去这么久，但是我知道你就是杀人凶手。”

这个人说：

“你又没在现场，在场的人都不知道是谁杀了人，你怎么能冤枉我？”

欧阳晔说：

“我既然认定你就是凶手，肯定有自己的依据。”

然后欧阳晔指着这个人说了一句话，这个人当时眼泪就流出来了，他哭着说：

“是我杀的人，我一直不敢承认，所以牵连了自己家里这么多人都蹲了大狱。”

请问，欧阳晔用什么高招发现了真正的凶手呢？

头脑机关匣

高手破案比拼的就是细致的观察能力，很多关键的线索就隐藏在一些细节当中。这些细节所透露的信息往往比那些证人、证言更有价值，在这些关键点上找到适当的推理就能够更快地抵达真相。而这个谜题中的关键点就是死者受伤的部位，然后再回顾一下欧阳晔在断案时的表现，了解他破案的推理逻辑并不难。

解密复盘

欧阳晔查案子后发现死者是右肋中刀流血过多后死亡的。按照落刀的习惯，那么这个杀人凶犯肯定是个左撇子。正常情况下，右手持刀落刀时应该是对面人的左肋，只有左撇子的刀会落在对面人的右肋。为了验证自己的判断，他观察杀人者吃饭时是用左手拿的勺子吃饭。所以他对杀人者说：“你吃饭的习惯证明你是左撇子，死者是右肋中刀，肯定就是你杀了人。”

破解土地纷争案

场景构筑

王曾是北宋文采出众的一代名相，他连中三元的美谈也被世人广为传颂。在他年轻的时候，有次去拜访州中的僚属。正好赶上僚属碰到难缠的事情，这个案子比较特殊，也比较难断。二人谈话间，僚属不住地唉声叹气，王曾于是询问僚属是怎样的情况。

那是在夏天，由于雨水多，城池的墙倒了很大一片。倒了的城墙等到秋天雨水少些时就开始重新建。由于邻近城墙的土地也同样受到了水灾，附近的村民粮食都没法种。当时也没有起争端。但是秋天城墙修建好了，被水淹没的土地也和城墙划好了界限，土地也被官府重新规划好了。现在到了春季开始播种了，附近的村民过来闹事，说土地分配得不公。去年秋天的事情，当时分好的土地，都有了新的地契，原来老的地契都不在了。没有办法去核对，事情也就无法解决。这个事情官府出面解释都不管用，都是说土地变得多少不一。这些土地眼看就要错过播种的最佳时期了，还因为争端在空着，这样下去如果被上级知道土地没有耕种，自己也是失职。僚属边说边叹气。王曾听完这个事情，稍微思索了一下，对僚属说：

“你也不用着急，虽然现在没有地契可以作为依据，但还是有办法能证明每家土地多少的。”

僚属知道王曾头脑灵活、办事牢靠，于是便询问方法，王曾就说出了自己的依据，僚属听后马上就展开了紧皱的眉头，当下就按照王曾说的去办，结果效果出奇的好，城墙边上的村民都心服口服地接受了建议，回家赶紧去种地了。

头脑机关匣

破解这个谜题需要一点发散思维，即锚定一个结果，然后以这个结果为核心，寻求多元化的解决方案。再将全部的可能性全都列出来，从可能性最大的开始展开试错，寻求一个替代方案。从这个场景构筑中的描述我们得知，那个能证明土地情况的最直接有效的证据地契已经没有了。那么官府里还有没有另外一种东西也能证明土地的真实情况呢？这就是我们展开推理的锚点，就看你能不能想得到了。

解密复盘

王曾对僚属说："原来的地契没有了，但是原来的土地税的簿册还在吗？"

僚属说："还在。"

王曾说："从税收的多少也能算出土地的多少。"就这样解决了僚属的难题。

"互殴"杀人案

场景构筑

有一个珠宝商人，最近又在外地新开了一家分店，却没有想到这个分店的生意出乎意料地好，第一批派过去的几个人根本就忙不过来。珠宝商只好从总店里又选派了两个得力的年轻人过去。在这两个人选上老板可是动了一番心思。首先能力要强，然后都是老板的心腹，因为他们还有一个使命就是定期把新店里的情况向老板汇报。还有一点就是老板选的这两个年轻人是一对竞争对手，为了表现得更加出色，他们俩在平时的工作中就没少闹矛盾。这次增援新店，老板选择派这一对冤家过去，其用意就是只有在这种竞争的关系中他们才能相互监督，在汇报的时候既不敢谎报，又不敢瞒报，更不敢报喜不报忧，否则就会给对方告发的机会。

三天以后，新店又传来消息，催促老板抓紧时间派人过去增援。这让老板感觉到了有些不安，三天前他就已经把这两个年轻人给派过去了。按照他们的脚程，快则一天半，慢的话两天时间也应该到了。现在那边还没见到他们，那就只能说明他们两个在路上出了意外。因为这中间需要走过一段特别偏僻险峻的山路，那地方林深草密又非常陡峭，如果不是赶时间，很少有人走。当时新店催得急，老板一时心急才安排他们两个走了这条路，心想都是腿脚利索的年轻人，又是两个人结伴，以为不会出什么问题的。现在听说他们还没走到，瞬间就有一种不祥的预感。

派出去寻找的人当天晚上就回来了，带回来两个人都已经死亡的消息。然后珠宝商带着官差和仵作一起来到他们出意外的地方。在现场有一个茅草棚子，可能是附近的山民进山的时候用来避雨的。一个年轻人的尸体躺在茅草棚的外面，颈骨被人用刀给砍断了，头上和脸上也有好几处被砍的伤痕。另外一个年轻人的尸体却是倒在茅草棚里面，在他的脖子的左边和后脑勺上也都有被砍伤的痕迹。而第二具尸体的手里还握着那把夺取两个人性命的刀。珠宝商回忆说由于知道路上需要走这么一段险路，所以他们两个就随身携带了这把刀，这事儿他是知道的。然后珠宝商又提供线索说这两个年轻人平时在工作中多有不和，身边的伙计也都点头附和，并说出他们有摩擦的很多事情。

跟随他们前来的官差仔细查验了现场，又听取了这些人提供的线索，然后就跟在场的人说：

"事情已经很明显了，这就是典型的互殴导致的两败俱伤。这两个人平时就有很多积怨，平时有老板管着不敢怎么样。现在走到这人迹罕至的地方，以为没有人看见就心生歹念，结果在争斗中两个人都身受重伤而死。虽然目前还不能确定谁先动的手，但是这已经不重要了。两个人除了随身的干粮和衣物之外，没有携带任何值钱的东西。没有什么人会无缘无故伤害两个带着刀的年轻人。"

听完这位官差的分析，周围的人都点头称是，觉得事情就应该是这样的。可能也是因为他们平时在工作中积累了太多的仇怨，这才导致在没人的时候敢对对方下死手。只有那个仵作还蹲在尸体的旁边仔细查看伤口，对于众人的分析和议论就跟没听见一样。过了好一会儿，他走到官差身边，悄悄地耳语了几句。官差的神色马上疑惑起来，再一次查看了伤口之后才恍然大悟似的点了点头。一个月之后，衙门抓到一批强盗。他们交代是他们杀害了这两个年轻人，因为他们两个来到茅草棚里休息的时候，正好碰上他们在这里分赃。强盗害怕他们以后到处乱说就把这两个年轻人给杀了，用的还是从他们手里夺下来的刀，最后还把刀放到了其中一个人的手里。这两个年轻人虽然带着刀却没有拿刀砍人的勇气。那么，这位仵作到底对官差说了什么，才让他改变了侦查的方向呢？

头脑机关匣

既然是这位经验老到的仵作的话改变了官差对于这场命案的判断，那么可以想象他所说的这番话肯定是跟现场的这两具尸体有关。那么，不妨再回顾一下现场的细节，若能得出跟之前官差的判断不同的结论，就需要把注意力放在两具尸体的伤口位置上。

解密复盘

仵作在仔细检验了地上的两具尸体以后，悄悄地跟官差说他的结论跟他们都不一样。他并不认为两个年轻生命的陨落是因为他们之间发生了争斗。恰恰相反，他认为两个年轻人在被杀之前就已经被什么人给制伏了，他们遭受的是处决式的谋杀。原因就是他们的致命伤都在后面，如果真的是两个人互殴的话，致命伤的位置绝不会在后面。因为之前官差就跟大家说过他认为是两人互殴导致的双双殒命，为了照顾官差的面子，所以仵作才悄悄地告诉官差这些话。

叔侄纷争案得解决

场景构筑

有这么两个兄弟，哥哥家产丰厚，弟弟生活富足。过了一些年，哥哥日子越过越红火。弟弟做生意总是赔钱，种田也是不能丰收，长此以往，家里就入不敷出。弟弟实在是郁闷，想赌一把，把房产和田产都做了抵押，打算玩一票，心想万一就发财了呢。结果没有发财，田产和房子都归了抵押方。

弟弟实在没有办法了，就去求自己的哥哥，想要一个栖身之地。哥哥也是心疼弟弟，一母同胞总不能让他流落街头，于是把其中的一个院子腾出来给他住。由于哥哥也有两个儿子，所以当时就说是暂时借住，不是赠予。弟弟家就一个女儿，等女儿出嫁了，弟弟百年后，房产还是哥哥的儿子的。

这样一来，哥哥对得起一母同胞的弟弟，对自己的儿子也有了交代。弟弟也是倒霉到家了，一直就没有东山再起，所以一直在哥哥的房子里居住。万幸的是哥哥一家从来没有提出过房子的事情，弟弟和侄子的关系还算可以。

就这样过了好多年，哥哥身患疾病，在床上躺了一年就去世了。没有了哥哥，弟弟明显感到和侄子的关系跟之前不一样。他也想多挣钱，于是攒了一些钱后打算买几只小猪崽，把猪崽养大后好卖钱，便请了邻居过来帮忙垒起个猪圈，这时侄子知道了也过来帮忙。大家一起帮忙挖土的时候，挖出了两个密封的罐子。看到这个罐子，大家心里顿时高兴起来，说不定里面有宝藏呢！还真不错，两个罐子里面满满都是铜钱。弟弟心中想，这些钱也不少，自己看来能买个小宅子了。他刚抱起罐子打算放到屋里，他的两个侄子就不干了，拦住他说："小叔把罐子放下。这个罐子是我父亲之前埋下来的，说是等家里急用钱时，让我兄弟俩一人一罐。"

话说到这里很明显了，都想要这两罐子铜钱。

于是叔侄就起了争执，侄子就把小叔告到了官府。县令询问弟弟："这个房子不是你的，你借你哥哥的宅子多久了？"弟弟回答道："我也非常感谢我的兄长，这个房子借给我十年了。"

县令接着询问侄子："你们说这钱是你父亲之前埋下的，那么他这些钱埋了多长时间了？"

侄子说："埋了有二十来年了。"

县令询问僚属："你们说说对这起案子怎么看？侄子说的是真的吗？"

僚属回答道："这可没有对证，他的父亲都去世了，怎么能分清楚呢？"

县令不慌不忙地说："还有证据呢。我想一定能分得出。"

到了最后判定侄子说了假话，大家都对县令钦佩不已。

头脑机关匣

知识渊博是一个推理高手必备的素质之一，破解这个谜题就需要一些关于货币的常识。了解货币的人应该知道，历代货币上会带有表明制作年代的文字。现在我们用的是公元纪年法，古代用的是每个朝代的年号。而这起案子当中当事人双方唯一能证明这两罐铜钱归属的依据就是埋藏的时间，那么把这个关键点和货币的特点结合起来吧，你就能有豁然开朗的感觉了。

解密复盘

县令命人把罐子抱到大堂，他取出罐子里的钱。大家上前查看时，发现这些钱都是三十年前流通的。县令说："官府铸造新货币，一般五六年就能流通到全国。你父亲二十年前如果要埋藏铜钱，肯定会埋藏新的货币，不会拿旧钱去埋。"侄子听后哑口无言，承认自己说了谎。

遍体鳞伤的打人者

场景构筑

宋朝时，李南公曾经做过长沙的县令。有一天早上，门口吵吵嚷嚷进来两个男子：一个是又高又大的中年壮汉，一个是身材稍微瘦弱的二十多岁的年轻人。二人进了大堂跪下后，都抢着说话，结果就是谁说的都听不明白。李南公让高大中年汉子先说。高大汉子说，昨天傍晚他在山上砍柴后挑担子回家，路上碰到瘦弱的年轻人。年轻人肩上挑的担子里面有桃子。二人错身而过的时候，年轻人的水果担子翻了。桃子翻滚出来，被摔破了很多。年轻人就拉着他不让走，非让赔偿桃子。汉子说自己也是规规矩矩走路，没有故意撞他的担子，凭什么桃子坏了让自己来赔。二人争吵起来，最后年轻人依仗年轻就把自己打伤了。说完他撸起袖子、卷起裤管，让李南公看他胳膊和腿上的伤痕。李南公到了近前仔细一看，中年汉子胳膊上、腿上青一块紫一块，看样子伤得不轻。

李南公接着问瘦弱的年轻人，年轻人在一旁早就被中年汉子给气坏了。终于轮到自己分辩了，他说：

"大老爷，我挑担子路过这汉子跟前时，他故意晃了一下担子，把我的担子给撞翻了，我能不着急吗？我家辛苦种的桃子第二天要去集市上卖，他给撞翻了，还想走，我就拦住不放，结果小人我身体瘦弱，反被他打了一顿。大人您看我这浑身是伤。昨晚我吃了亏，天色晚了我只好骂他几声，说明天找他算账。"

李南公接着问：

“今天是怎么回事？”

瘦弱的年轻人说：

“我今天一早在集市上看到这个人，心中有气。昨天被毁坏了很多桃子，又挨了一顿揍，刚好又碰到了，就拉他来县衙让大人给评评理。我这么瘦弱，昨天和他理论时净挨打了，没有打人。”

李南公接着问：

“年轻人你说话要负责任，你看起来比较瘦弱，是不是平时练过功夫？你看这壮汉也是浑身是伤。”

瘦弱的年轻人急忙说：

“大人，小人就是一个庄稼汉，哪有什么功夫？他身上的伤我也不知道是怎么回事，反正我没打。”

二人的冲突是在小路上，当时也没有第三方人证，这可怎么断？李南公问身边的僚属：

“你们看这案子怎么断？”

僚属纷纷摇头，说：

“这二人身上的伤势不差上下，很难分辨真假。”

李南公摇摇头：

“真相只有一个，看伤痕不能单单看外表。”

说完他走到二人身边用手捏了捏他们的伤痕，二人都龇牙咧嘴表示疼痛，然后李南公就对中年壮汉说：

“在大堂上你也胡说八道，以为本县就不能辨明真相吗？”

中年壮汉就低下头表示错了，是自己打了瘦弱的年轻人，没有挨打。请问，李南公用什么高招证明壮汉说了假话呢？

头脑机关匣

善于推理断案的人都知道，对于伤痕和伤口的判断不仅要靠视觉，还要靠触觉和嗅觉。只有对视觉、触觉和嗅觉各方的信息综合判断才能得出客观的结论，否则就会被一些高明甚至是不高明的化妆术给欺骗了。破解这个谜题，给出的提示就是这两个人当中有一个人的伤痕是作假的结果。至于李南公是怎么发现作假的伤痕的，你应该不难想出答案了吧？

解密复盘

李南公细心地捏了双方身体上又青又紫的伤痕，他发现瘦弱的年轻人伤痕下面的皮肤因为受到击打而产生瘀血变硬，而中年壮汉的伤痕只是表层皮肤又青又紫，看起来像是有伤，但是其实作了假。经询问后得知，中年壮汉晚上回家后，担心把年轻瘦弱男子打得太狠而吃上官司，所以自己就造了伤痕。他从附近一种叫作榉柳的树上剥下一些树皮，放在自己的皮肤上用火来熨烫。树皮受热后会留下青赤色的痕迹，看起来和伤痕一模一样。这种痕迹就是用水都洗不掉，但还是被细心观察的李南公给发现了。

苏无名查贼

场景构筑

唐朝的时候，武则天非常疼爱自己的女儿太平公主，有次赏赐了喜欢金银珠宝的公主几箱子宝物，公主收到后就命人收藏在库房。过了一阵子，等公主打算赏玩这些宝贝的时候，竟然发现几箱子珠宝都不见了。天子脚下的长安城竟然发生了严重的盗窃案，这些盗贼竟然潜入公主府偷东西，这让武则天大为震怒，她命令府尹三天内一定要捉到盗贼，不然就会法办他们。

府尹接到圣旨后惊恐万分，这么大的案子三天怎么能够破得了？但是武则天此时正在气头上，也不敢分辩，只好回到府中把命令转达到县府，县府又把命令传给了掌管巡查缉捕事务的捕快。一时间长安城内捕快大街小巷地满城转悠，大家都漫无目的地排查，内心焦躁不安，这三天如果查不到线索，很多人估计都要掉脑袋了。

虽然他们四处探查，但是却没有任何收获。所幸的是捕快们在第二天碰到了回京述职的苏无名。当时苏无名是湖州别驾，他查办盗贼的本领很多捕快都知道。苏无名的出现让这些人看到了希望。他们赶紧把苏无名请到了县府，县府又把苏无名推荐到州府，最后推荐给了武则天。苏无名禀告武则天：

“在天子脚下出现这么严重的盗窃确实不应该，州府必须严查盗贼。但是三天的期限太紧了，望陛下放宽些时日，我一定帮陛下捉到盗贼，并追回赃物。”

武则天这时气恼也缓和了些，知道自己的命令下得太过严厉，于是就答应了苏无名的要求，并把追查盗贼的官吏和捕快们的指挥权交给了苏无名。

冷静下来之后，苏无名突然想起那天自己在进城的时候，碰上过一支送葬的队伍。奇怪的是，这支送葬队伍里竟然全部都是精壮的年轻人，而且各人脸上都看不出一点悲痛的神色。

然后苏无名回到县衙，让大家不必紧张，暂时松懈下巡查的力度。这样过了十来天。就在清明的前一天，他召集了所有的捕快，告诉他们：“清明节一早，大家要在各个城门仔细查看，把最多的人力安排在东门。如果你们发现有十多个身穿胡服外面套有丧服的人出城，前往北邙山方向的，就赶紧派人跟踪并回来向我汇报。”

果然清明节的那一天，上午的时候，有捕快就看见十多个人身穿丧服出了城门直往北邙山方向。捕快们一边赶紧偷偷跟踪，一边派人向苏无名汇报。跟踪的捕快发现这十几个人到了墓地，摆下祭品，并没有人哭泣。他们围绕着墓地转悠，一些人相视而笑，很是高兴的样子。但是这些人还没来得及进行别的动作，苏无名就带人来到了现场。他命人包围了祭奠的人，并全都抓了起来，然后命衙役打开坟墓。等差人们打开棺材时发现里面根本没有尸体，就是几个箱子，箱子里面竟然就是公主丢失的金银财宝。大家看到财宝时，顿时就议论开了，苏无名是怎么知道盗贼的活动的？又是怎么知道珠宝就在坟墓里面的呢？

头脑机关匣

一个真正的判案高手的观察能力一定是非常出众的，他总能发现别人发现不了的细节。在破案的时候，这些细节往往能够帮上不小的忙。回顾一下场景构筑当中苏无名回想起自己进城时的一些细节，答案就在这些细节当中。

解密复盘

后来说到这次破案的经过时，苏无名说：“其实我也没有什么特殊的技能，只是细心观察。进城的那天，正好赶上有十来个人扶着棺材出丧。我很奇怪这些人中没有女人和孩子，虽然身穿丧服但脸上并没有悲戚之色，甚至眼睛里还能看见掩饰不住的笑意。我特意留心他们是往北邙山方向去的。北邙山是很多人选择墓地的地方，我也没跟着去，所以只知道大概的位置。到了城里后才知道公主的珠宝被盗，心想这肯定是盗贼眼见官府查得比较紧，想把赃物赶紧运出城。我就禀明陛下让宽限时间，不能追得太紧，不然这些盗贼心中不安，提前行动，把珠宝挖出后就远走高飞了。我算计好过几天就是清明节了，陛下把期限放宽后，这些人也能安心等待机会挖取财宝。所以安排大家严查，一举人赃并获。”

井里的浮尸

场景构筑

北宋年间，丞相张杲卿曾经担任过润州的行政长官。

润州农民大毛依靠种地为生，为了增加收入开了菜园子种菜。这天早晨，刚吃过饭的大毛就去了菜地。最近一段时间天气干旱，菜园子的青菜可不能等，要赶紧浇水。等大毛拿着水桶去井边取水的时候，隐约发现井里水面上好像漂着一个人。他顿时吓坏了，等缓了一会儿心神，心想是不是自己看错了。再仔细一看，可不就是人的一个后背冒出水面？大毛惊慌失措地跑回了村子。

大毛跑回村子一嚷嚷，村子里一下子就炸了锅。邻居一个大嫂听说井里淹死了人，顿时呼天抢地地痛哭起来。她的丈夫已经三四天没有回家了，肯定是落到井里淹死了。村民们赶紧报了官，张杲卿带领僚属和衙役到了现场。民妇大嫂在井边哭得撕心裂肺，很是可怜。想想一家的顶梁柱没有了，以后生计都有问题，痛哭也在所难免。张杲卿到现场时尸体还在井里，他命左邻右舍和大嫂的小叔子往井里察看是否就是她的丈夫。几个男人围着井沿看了一会儿，没人能确定这人就是她的丈夫。因为井太深，水面又非常暗，只能看出人体的形状。尸体脸朝下，怎么认得出来？好多农民的衣服基本都是黑色和深蓝色，看不出有什么特殊。邻居和大嫂的小叔子说：

“都看不出是谁，请大人命人打捞出来，看看到底是谁。”

大嫂在旁边哭声凄惨不断。这时张杲卿说：“不用打捞我也知道井中就是大嫂的丈夫。”他命人把大嫂抓了起来，因为他怀疑大嫂谋杀了亲夫。果不其然，尸体被捞出后，就是大嫂的丈夫。大家都不明白，为什么张杲卿还没捞出尸体就能断定是大嫂的丈夫呢？再说，他怎么知道是大嫂谋害了自己的亲夫？

头脑机关匣

关键的线索就隐藏在这个妇女的反应当中，我们用常理来进行推理。我们遇到事情的时候都会本能地把事情往好处想。自己的家人好几天都没有回来了，这时候突然听说井里漂着一个人，第一种本能的反应应该是焦急和担心，会在第一时间赶过去确认。但是她在一听到消息甚至还没来得及到井边看一眼就开始哭天抢地，这与人的本能反应是不符合的，据此再往深处稍做推理，就不难想到这当中的隐情。

解密复盘

张杲卿了解到，大嫂的丈夫几天没有回家了。大嫂在村子里时听说井里有人，就大声痛哭说自己的丈夫掉到井里，当时他就怀疑这个女人谋杀亲夫。再说他让大嫂的小叔子和四周的邻居看井里的尸体时，大家都说井里水深，死者面部朝下看不清楚。而大嫂却能认定死者就是自己的丈夫，说明大嫂知道丈夫死了而且尸体就在这口井里。果然，通过审讯后得知，她和人通奸被丈夫知晓，便伙同奸夫一起杀害了丈夫，并把尸体抛到了菜园子的井里。

破财免灾的女仆

场景构筑

南宋年间，一群蒙面的强盗趁夜黑进入了江西临江府新淦县的青泥寺。这个寺院远离县城，地处偏僻。最近寺院里暂时借住了一家比较有钱的人。这家的主人名叫王知军，是京东人氏。由于金兵入主了中原，王知军就带家眷和很多金银珠宝打算在新淦县定居，由于家里人口多，一时没有合适的房子，只好暂时居住青泥寺。王知军这晚款待朋友，夫妇两人酒喝多了，很早就睡着了，所以根本不知道家里来了强盗。强盗是有备而来，有钱人入住了自己的地盘，这些强盗怎么会放过？他们把所有人都集中在院子里，由于家人众多，强盗分不清到底哪个是王知军，就把刀架在了一个年幼的女孩子脖子上，恶狠狠地询问到底哪个是王知军。女孩子年幼，哪见过这个阵仗，当时就吓哭了起来。强盗说："不说就先杀了你。"边说话边举刀就要砍。

"住手，我来告诉你们主人在哪里。"

大家一看，原来是管家的大丫头蓝姐。蓝姐一直伺候夫人，家中很多重要的钥匙都在她手里。大家见蓝姐打算出卖主人很是气愤，平时老爷夫人最信任、最心疼她，想不到她竟然会出卖主人。蓝姐说：

"老爷夫人都是好人，他们二人今天拜访朋友不在家。我可以把老爷夫人的钱财给你们，但是你们不要为难我们这些下人，不要伤害了大家的性命。"

强盗只是来求财，并不想杀人，就同意了。蓝姐就带他们去后院，路上说：

“我家老爷刚到贵宝地，应该和你们无冤无仇，拿了钱财就快走吧。”

蓝姐拿钥匙打开了后院的一间耳房。屋子里面太黑，蓝姐就拿出蜡烛照亮。强盗一看，真是找到对的人了，这个丫头果然是个管事的主。蓝姐打开一个箱子，里面都是金银珠宝。屋子里好几个箱子，她统统都打开，说：“这个里面是好多衣物，你们拿金银时可以用衣服包着，或者用些新料子包着夫人的首饰珠宝。这些东西比较娇贵，被碰坏了就不值钱了。”强盗看东西太多了，没有东西装大件。蓝姐是个利落人，说把被子的被套弄出来，不就像大口袋能装很多东西吗？这些强盗高兴坏了，以为这个丫头怕死，背叛主人是为了讨好他们。蓝姐在强盗身边一直举着蜡烛帮忙照亮，前后忙活。这些人在房间里搜刮了一两个小时，搞到了很多值钱的东西，兴高采烈地满载而归。

王知军第二天醒来后，才发现家里的财产都没有了。

家人都说是蓝姐勾结盗贼把家里值钱的东西都抢走了，王知军让人找到了蓝姐，说：

“你知错吗？还不给我跪下！所有的家当都被强盗给洗劫一空了，你还帮助他们，你是怎么回事？”

蓝姐并不惊慌地说：

“老爷，昨晚来的强盗人太多了，咱们根本不是对手，不把钱财交出去，那大家就都没命了。”

“现在倒是有命了，可是没有了钱，拿什么养命？你可真是胆大包天。”

此时的王知军头都大了，一觉起来，自己多年的心血，万贯家财都化为乌有，一下变得家贫如洗。身边的夫人痛哭流涕，这可如何是好？这时蓝姐继续说：

“老爷，您去报官吧，肯定能抓住那些强盗。”

“强盗都跑了，还能抓住？听说昨晚来时都黑布蒙面，你能认出他们？”

“老爷，昨天我为了保全大家的性命，把钱财都给舍了出去，但是我能帮您把强盗抓住。”

然后蓝姐告诉了王知军几句话，王知军就匆忙地赶去县衙报案了。果然不出蓝姐的意料，没过几天，县衙就通知抓住了强盗，把原来被抢的财物都给送了回来。

头脑机关匣

我们运用逆向思维来倒着推，蓝姐说有办法找到这些强盗，那么怎样才能在人群中识别哪些是强盗呢？除非这些人身上有明显的标记。靠外貌来辨别是不可能的，因为这是一群蒙面的强盗。标记留在了什么地方？蓝姐又是怎么把这些标记留在强盗身上的呢？顺着这个思路，回想一下蓝姐在那一晚的举动，想想她手里有什么可以留作记号的东西，相信你一定会有新的发现。

解密复盘

在当时情况比较被动的情况下，蓝姐知道不能为了钱财让大家生命受到威胁。她表面上假装配合强盗，用来减少强盗对她的防备。然后趁他们不备，用点着的蜡烛的烛油分别滴在强盗的后背上，有了这些记号，县衙的捕快就能分辨出哪个是盗贼，因为蜡油不像别的东西，就是简单的水洗也会留下痕迹。只要看到有人穿后背带有蜡油衣服的人，然后一个个抓捕，没有记号的，也会被别人供出来。抓住了强盗，之前的财物也就找了回来。

一句笑话带来的灾难

场景构筑

南宋隆兴元年，镇江守军的将领是吴超，他奉命镇守楚江。那时候魏胜领兵在东海抗击金兵。打仗需要花费很多物资，魏胜就派统领官盛彦到楚州要求拨给军饷、物资。外地来送物资、军饷的是名叫袁彦忠的将领，带人行船从丹阳来到楚州。盛彦得到消息，军饷、物资来了，就上船拜访袁彦忠。盛彦上船一看明晃晃的白银随意地放在船舱里，笑着说：

“你们也太胆大了，这些银子也不藏一下。”

袁彦忠笑着说：

“这是部队上用的东西，哪里有贼人敢抢？再说船上还有士兵。”

盛彦随口说笑：

“白银装在竹篓里，壮汉背走比较方便，今晚我带一批人来搬银子。”

袁彦忠笑着说：

“没问题，你来吧。”

第二天盛彦还在军帐中就被吴超派人给抓了起来，到了大堂上才知道，昨天晚上有二十来个强盗带刀上了袁彦忠的船，他们把袁彦忠和随行的士兵给绑了起来，然后拿走了所有的银两。四百锭白银被抢，袁彦忠知道事态重大，他痛哭流涕地向吴超讲述昨天盛彦对自己说过晚上带人拿走银子的事情。盛彦和左右士兵都被带上了大堂，袁彦忠一口咬定肯定就是盛彦看到银子起了贪心，所以抢了银两。盛彦听到这里才明白，原来自己一句玩笑惹了祸。任凭他怎样解释都不管用。吴超命人对他和他的随从进行了严厉的拷打，刚开始盛彦他们还能分辩，到最后实在受刑不过就含冤服罪。定了罪，但是赃银没有找到，盛彦只得随口编了银子被姻亲拿走去湖湘一带做鱼米生意去了。吴超听到这个说辞，当下就火气大了，抢了前线的军饷自己发财，就下令三天以后将盛彦和随行的士兵们斩首。

事情有凑巧，盛彦带来的士兵还有因为没上过船没被牵连的，他们不甘心，在街上巡逻，希望能找到线索为盛彦翻案。

有个叫作王林的无赖，平时喜欢在江边做些没有本钱的买卖，平时也没人敢惹他。他有个年轻小媳妇，长得颇有几分姿色。这小媳妇在店里卖酒，喜欢和人调笑，平时也不检点。今天这个小媳妇见王林不在家，又勾搭了一个混混。她和这混混牵扯好久了，混混家有个十多岁的男孩。这次在他们要苟且时嫌男童碍事，就嚷嚷了这个孩子。混混的儿子年龄虽小，却也是个倔强的孩子，就是不肯服软，然后被小媳妇追着打。他挨了小媳妇一擀面杖就在地上打滚起来，嘴里还不停地骂这个女人：

“你这个女人放着好好的生意不做，净在家里瞎折腾。也不知道是抽了什么风，大晚上的非要把好好的灶台给拆了，还非得连夜给砌上。砌好还不让用，明明是开着个酒馆，还不给客人吃热乎的，净拿一些凉东西来糊弄人家，我看你这小酒馆也快要关门了。”

本来这只是一个孩子信口埋怨的话，围观的人也没有当真。他们都知道这个小媳妇和这个小混混的事情，只顾得在旁边高声起哄。但是经过此地的几个士兵却从里面听出了玄机，随后经过一番巧妙安排，终于发现了银子是王林伙同混混们给抢走的。这些士兵把王林和小媳妇抓回公堂，经过审查，抓住了全部的案犯，追回了所有的赃银，盛彦和随行的士兵也被无罪释放了。

头脑机关匣

有时候一些很重要的线索就隐藏在非常不起眼的细节当中，也许是一些反常的小事儿，也许是有些人随口说出来的玩笑话。想想场景构筑当中这孩子随口说出的那些话有什么反常的地方，这就是关键线索所在了。

解密复盘

随行的士兵不相信盛彦抢了白银，上街时听到了这个男孩在骂王林的老婆时随口说出的连夜拆灶台又砌灶台，而且新砌的灶台还不让用。就觉得这当中肯定有不可告人的秘密，再联想到王林平日里的作为，就决定要把事情查个清楚。

孩子说的话也许是真的，这几个士兵不肯放过线索，他们假装去店里喝酒，要鱼要肉吃，王林的媳妇说有酒肉，没有鱼。这几个人借酒劲闯到了后厨，假装碰掉了一块灶台砖。这时王林的媳妇脸色都变白了，赶紧上前遮挡说没事，不用他们修。这让士兵们更怀疑了，他们稍微一用力，新砌的灶台就倒了，里面露出白花花的官银。

小学徒设局捉骗子

场景构筑

有家叫作“珍宝斋”的当铺，在杭州颇有名气，在当铺界也是首屈一指。某年夏天的一天，当铺掌柜刘振云坐在柜台里昏昏欲睡时，从门外走进来一个翩翩公子。年轻人一看就是有钱人，刘掌柜赶紧起身招呼。年轻人说自己有一件家传的宋代青花瓷，最近做生意手头有点紧，急需要银两周转，不好意思跟朋友借钱，所以打算暂时把它当了，五天后赎回。刘掌柜说那要先看看货。这公子哥就走向门口叫来一个伙计模样的年轻人，把青花瓷放在柜台上要掌柜的仔细观看。掌柜的一看青花瓷做工考究、胎质细腻，确实不错。公子哥接着说，都传了好多代了，一般不轻易拿出来给人看，就是急用钱所以才当几天，还要赶紧赎回去。刘掌柜一听就问当多少钱。公子哥说这个宋青花瓷怎么也值两三千两银子，但是不想当太贵，自己就缺五百两白银，五天后拿六百两来赎回。

刘掌柜一听价格，对方开得不高，就说如果五天内不能赎回，店家有权任意处置。在此期间如果店家有所损坏就按原价赔偿。对方点头答应，接着刘掌柜让伙计给开了当票，给对方拿了银子，对方转身带伙计离开。等客人走后，刘掌柜就抱着青花瓷不撒手，仔细观看。这时一个学徒从后门走了进来，问：

“掌柜的又得好东西了？”

“刚有人当了他的宋代青花瓷。”

学徒也赶紧走近观看，他看了一会儿，然后犹豫了一下说：

“掌柜的把瓶子放在桌子上仔细看看。”

刘掌柜一听赶紧放到了桌子上，问：

“哪里不对了吗？”

小学徒轻声说：

“掌柜的别急，我看这个青花瓷的构图不太像宋代的。”

刘掌柜心里一惊，顿时冷汗冒了出来。自己刚才抱在怀里仔细观看纹路，没有太注意构图，仔细一看顿时就拍了大腿：

“今天被雀儿啄了眼。”

可不，这个瓶子做工极为考究，但是年代对不上，肯定是假货。

他连连叹气。这下子亏了五百两银子，还不知多久能挣回来呢。小学徒一见掌柜的唉声叹气，只有轻声劝他想想办法。掌柜的说：

“脑袋都大了，不知道该怎么办了。你想出好办法，我有重赏。”

“关键是抵押方知道青花瓷是赝品，不可能花六百两银子赎回一个赝品，肯定不会出现。”

小学徒认真想了一会儿说：

“掌柜的，有个办法咱们试试吧，兴许能找到那个骗子呢。但是如果没有找到骗子，掌柜的不要怪罪小的，因为找骗子也需要花销。”

此时掌柜的哪还有什么怨言？有一点希望也是好的：

“花销多大？说下。”

“掌柜的，估计三十两纹银就够了，如果事情顺利，那么那个骗子肯定在这五天内出现。”

掌柜的支出三十两给小学徒前去办事。你别不信，到了第五天，那个骗人的公子哥果然来到了柜台要赎回他的宋代青花瓷。大家都对小学徒另眼相看，认为他一定前途无量。

头脑机关匣

从场景的描述中可以得知，骗子有两个可以获利的方法：首先是用赝品来典当，骗取当铺的典当款；还有一种方法就是，在得知当铺损坏或者遗失了当品之后，他们就会再次找上门来赎当。如果当铺不能拿出原来的当品，就只能按照真品的价格来赔付。这是一个连环计。破解这种连环计的方法就是将计就计，按照骗子的思路给他来个请君入瓮。按照这个思路进行一下推理，看看你能想出什么样的办法。

解密复盘

根据小学徒的安排，刘掌柜遍请杭州知名的典当行，然后在宴席间，告诉众宾客，自己做了好多年掌柜，没承想一不小心收到了赝品青花瓷，被人骗了五百两纹银。为了给同行提个醒，请大家做证，把这个赝品给当众毁了。说完，刘掌柜亲手摔碎了这件赝品。周围百姓听到这个消息后，口耳相传刘掌柜摔赝品的事情。杭州城当年也不大，这个消息自然引起骗子的注意，果然他在第五天来到了当铺，要求六百两纹银赎回自己的青花瓷。他以为自己的那件假的青花瓷已经毁了，那么自己拿着当票还能追回之前说的原价两三千两纹银。他哪里知道，当时小学徒教刘掌柜当众销毁的只是一个普通的瓷瓶，所以在小学徒的帮助下，掌柜的不仅没有损失，还赚了七十两纹银。

杨津识马辨盗

场景构筑

杨津是后魏时期有名的官员，他善于治理政务，为人正直，断案的手段历来被人所称赞。

有个来自武功的年轻商人带来三匹绢要赶往城里。时至正午，路上几乎没有行人。年轻人打算在道边歇息一会儿，就能一口气进城了，于是靠在树干上闭目养神。这时从远处跑来一匹马，马蹄突然停在自己跟前，接着就听一声大喝：

“打劫，不许动！”

年轻人吓得当时就趴在地上不敢抬头，来人用大刀拍了拍他后背。他吓得说话都结巴了，赶紧说：

“好……汉饶命，都拿走吧。”

来人下马把这三匹绢都放在自己马上，他还是不敢抬头。等听到马蹄声远去了，这才瘫坐在地上哭泣。自己遭到打劫，这下子亏大发了，该怎么办呢？这时突然又听见马蹄声响，难道强盗又回来了？吓得这个年轻人直接匍匐在地上。原来不是强盗回来了，是州衙的官差办事路过这里。官差看到有人匍匐在地上很是奇怪，经询问后才知道是遭到了打劫。官差询问强盗的去向。年轻的商人说自己吓死了，刚才太紧张，没有注意强盗逃走的方向。官差说：“那我也不知道往哪里去追赶了。”只好带这个受到惊吓的年轻人来到了州衙。

杨津询问年轻人，劫犯大概长什么样，穿什么衣服，马匹什么情况。这个年轻人说自己一直不敢抬头，感觉应该是黑衣黑裤，听声音，年龄不大。虽未抬头，但是看到马腿是枣红色的，应该比较健壮。除此之外就什么都不知道了。杨津让这个年轻人先等消息，自己在书房苦苦思考怎么办案。在离城十里的地方，猜想此人大概是出城办事，然后顺路打劫。大白天抢劫东西肯定不敢明目张胆地带回城里。怎么找到抢劫犯呢？他突然有了主意，把衙役叫过来交代一番，衙役们听命都出去了。杨津回到大堂继续办理其他的事务。没过多久，就听见外面一个妇人哭喊的声音，后面紧跟着几个差役。杨津忙问出了什么事，老妇人说自己的儿子上午去城东的朋友家玩耍，现在还没有回来。杨津派人去老妇人所说的地方，果然找到了正在喝酒的抢劫犯，被抢劫的绢也在。

头脑机关匣

这个场景中有一个关键性的前提，那就是杨津通过商人的讲述得知，这件事并不是占山为王的山匪所为，抢劫者应该是附近的地头蛇。这样的人在附近肯定还有熟识的人或者家属，抢劫者身边的这些人，就是找到他的最好线索。差役所办的事情就是要让这些认识抢劫者的人自己找上门来。这就不难想到杨津交代衙役所办的事情了吧？

解密复盘

杨津考虑到如果是城里人的话，那就应从年轻商人说的男子穿衣和所骑的马来找。他派衙役们敲锣在城里喊话：

“就在中午时分，在城东大概十里的地方，有一个年轻人被杀死了。死者身穿黑衣黑裤，旁边有一匹健壮的枣红色大马。有知情者赶紧去州府告知，有家人者也要赶紧去州府认尸。”

在家中坐着的老母亲一听衙役说的和自己家儿子很像，方向也是儿子出行的方向，所以就赶紧跑到州衙哭诉。通过强盗的老母亲，杨津抓住了强盗。

用计破获绑架案

场景构筑

班森探长最近遇到了一件案子非常棘手，州政府有一个大型工程准备招标，事情进行到一半，其中一个优质投标商却陷入了丑闻——有人匿名举报这家公司的老板，长期侵犯自己的秘书艾琳娜。这件影响极大的案件就被移交到了警局能力最强的探长班森手里。可是班森已经接手案件三个多月了，依然没有什么实质性的进展。调查结果并不能证明这个公司的老板对自己的秘书存在侵犯和伤害，但是也无法为他洗脱罪名。因为案件的另一个当事人艾琳娜却在这时候莫名其妙地失踪了，虽然班森花费了很大的精力寻找，却依然是活不见人死不见尸。

三个多月的时间过去了，如果这件案子还不能定案的话，那么这家政府看好的优质企业就只能无奈出局了，因为民众和媒体是不会允许这样一家陷入丑闻的公司进入投标最后阶段的。这不管对企业还是对政府来说都是一件很遗憾的事情，除非班森能够在短期内证明这家公司的清白。随着项目投标决策期越来越近，政府给警局的压力也越来越大。警局领导也不断在给班森施压，发话说，如果不能在限期内给大家一个交代的话，就只能让班森回家养老了。这个案子真的是让班森身心疲累至极，他唯一能确定的就是这个秘书艾琳娜肯定已经失去了人身自由。如果能找到她，一切问题就迎刃而解了，但是最大的难题就在这里。他们几次发现艾琳娜的踪迹，却全都扑了空，每次对方都在他们赶到之前成功转移到别处。

班森总是感觉有一双眼睛在暗处盯着自己，一举一动都被对方提前得知。这种感觉让他既恼怒又无奈，看着上司给的期限越来越近，他只好选择赌一把。这天再一次被领导“接见”之后，他气急败坏地把所有的手下都召集起来开会。在会上他先是歇斯底里地把这帮下属骂了个狗血淋头，然后恨恨地表示这都是那个举报的人给自己找的麻烦，要不是他没事儿找事儿，自己也不会这么难堪，并表示已经锁定了那个匿名举报的人，现在事情已经到了不可收拾的地步了，三天之内如果找不到艾琳娜就先把这个家伙给解决掉。班森一副已经失去了理智的模样让下属们感到非常意外，一向冷静理智的他怎么会如此失态。转念一想，班森探长从没有让上司这么责骂过，这次可能也真的是被逼急了。他们禁不住都替他捏着一把汗，害怕他冲动之下做出不理智的事情来。

可是，令大家没想到的是，就在他们开完会的第二天上午，班森再次把所有人召集起来，迅速抓住了嫌疑人，找到了艾琳娜，并洗脱了她老板的嫌疑。原来，抓捕的头一天，班森开的那个会不过是他布下的一个局。你能想到班森破案的思路吗？

头脑机关匣

从场景构筑的描述中不难发现，对方总是能够抢在班森探长行动之前做好应对方案。这就说明班森探长的一举一动，早就已经在对方的监视当中了。那么他要做的就是利用好对方布置在自己身边的这个眼线，变被动为主动。在这个基础上再想想班森破案前的一系列举动，答案应该就已经在你的心中了。

解密复盘

班森探长虽然不知道到底是谁在给对方通风报信，但是可以肯定的是自己身边有对方的眼线，所以对方才能每次都抢先及时转移艾琳娜，这让他非常恼火。但是精干的班森探长很快就从愤怒中恢复了平静，他决定要好好地利用一下这个对方安插在自己身边的眼线，所以就做了一个局，故意放出话来说已经锁定了那个匿名举报的人，并声称必要的时候先解决他。然后请其他部门的同事帮忙对所有参加会议的下属进行监控，果然这个眼线在得知了这么重要的线索以后迫不及待地赶去报告，负责监控的人就顺着这个眼线找到了对方藏身的地方。

一张发黄的借据

场景构筑

简是家里的独生女，她的母亲在她十来岁时就去世了，剩下父亲和她相依为命。父亲常年在外奔波做点小买卖来维持家里的生活，日子过得还算可以。但是一周前父亲出了车祸，一直在医院抢救，情况不太乐观。医生说他被撞伤了头部，很可能对记忆和语言都有影响，如果恢复不好可能就会变成痴呆。

简这几天一直以泪洗面，自己的叔叔也经常过来帮助。这天下午，他神色严肃地对简说：

“简，有个事情我一直没有告诉你。现在你的父亲病重，我说出来也许不太合适，但是如果不说，将来万一你父亲去世了，我这里也不好办。你的父亲是我的哥哥，按理说咱们都是一家人。但是哥哥也许将来都不会像正常人一样说话和思考问题了。”

简叹了口气，点点头。

“是这样的，你的父亲在七八年前借了我十万英镑。你也知道你的母亲生病花了很多钱，最终也没有保住性命。”

简说：

“母亲当时确实花了很多钱，但是借钱的事情父亲从来没有提起过。”

叔叔接着说：

“是这样的，之前约定是在你堂哥结婚前一定要还清。你父亲还许诺了利息，如果还不清，那么你们的房产就要给我抵债。”

简听到这句话顿时一身冷汗，脑袋都大了，父亲病重，自己的叔叔要索取房产，那么自己住哪里？叔叔接着说：

“但是他毕竟是我的哥哥，你们没了房子我也着急，你们可以暂时居住在我的一个小公寓单间里。”

说完，叔叔拿出了一个真空的密封袋，从里面掏出一份折叠整齐的纸，由于年代久远，信纸都泛黄了。上面清清楚楚地写着借款人就是自己的父亲，信上写的就和叔叔说的一样，如果还不清就要拿房子抵债。叔叔说他原本并不想让其他人知道这个事情的，所以这份借据从写好的那一天开始就被他收进这个真空包装袋，放在地下室的保险箱里面。如果不是事情发展到了这个地步，他真不愿意把这份借据拿给她看。

叔叔走后，简看着病床上昏迷的父亲，眼泪都快哭干了。这时父亲的一个朋友过来探望。他见简哭得那么伤心就问怎么回事，简向他讲述了刚才和叔叔的对话。这个朋友仔细地询问借据的详细情况，然后告诉简：

“没事的，孩子，这个官司我来帮你打。你叔叔就是想趁你父亲病重图谋你们的房子。”

请问，这个朋友都没看借据怎么就知道是叔叔在作假呢？

头脑机关匣

我们都知道纸张时间长了之后就会开始变黄，这已经成了一种常识。也有很多人用纸张的颜色来判断纸张的新旧，但是进行这样的推理需要对纸张变黄的原理有非常深入的了解，不然就有可能出问题。而破解这个谜题的关键，就在借据纸张的颜色上。只要你了解了纸张变黄的原理，再回顾一下场景构筑当中所提到的借据保存的方法，就不难发现这当中的漏洞了。

解密复盘

这个朋友经常在图书馆做义工，与各种纸张打交道。当听到简说起这份借据的保存方式和现在已经严重发黄之后就断定她的叔叔是在撒谎。因为熟悉纸张特性的他深知纸张变黄的原理。年代久远的纸张之所以会变黄是因为纸张都是以树木、草麻、苇和竹子为原料做成的，这些原料里都含有纤维素。纸张做成之后还需要进行漂白才能变得洁白，但是存放的时间长了之后，在阳光和空气的作用下，这些漂白的成分就会被重新分解，纸张就开始变黄了。也就是说纸张变黄需要两个条件，它需要接触到空气和阳光。所以很多书籍爱好者都会尽量避免把书放在阳光直射的环境里，这也是为了避免纸张变黄。而按照简的叔叔所叙述的那样，这份借据是装在真空的包装袋里，放在地下室的保险箱里的。这样的环境下，纸张是不会出现明显变黄的情况的。所以这个朋友据此断定她的叔叔是在撒谎，她的叔叔所说的这种情况是不可能出现的。

来不及销毁的笔迹

场景构筑

巴罗今年十八岁了，父亲在他五岁的时候生病去世了，当年他的姐姐已经二十岁了。母亲生他的时候是高龄产妇，一直身体不好。家族的人就建议给他的姐姐找个上门女婿，以此来撑起家庭的门面。巴罗的父亲是个农场主，家产还算丰厚，所以很快就有人前来提亲，母亲和姐姐看中了一个孤儿，觉得这样比较牢靠，能够全心全意对待这个家。姐夫进入这个家后比较踏实，农场也被他经营得粮食满仓、牛马成群。过了几年，巴罗的母亲也因病去世了，巴罗就跟着姐姐姐夫过日子。

巴罗十八岁的生日刚过去，家族有的人就建议巴罗以后接管农场。毕竟男孩子大了，可以撑家了，姐姐和姐夫也要让出农场。按照风俗习惯，女孩子只能继承一小部分遗产，大部分的遗产还是由男孩子继承的。

姐夫看到家族里有人站出来说这件事，就拿出了一封信。他说这是巴罗的母亲写下的遗产分配，由于巴罗年龄比较小，一直被姐姐姐夫带大，为了表示感谢，母亲表示愿意把遗产留给姐姐姐夫。等于巴罗没有农场的管理权和所有权，每年只有一小部分分成用来维持生活。

巴罗看到这遗产分配当时就气坏了，自己的母亲在世时常和自己说：

“孩子，你要快快长大，然后你有大农场，将来的生活也就能过得去。现在姐姐姐夫帮你打理，将来不要亏了他们。”

巴罗将姐夫姐姐告到了法庭，法官看到姐夫手中拿的遗嘱，很难分辨出真假。巴罗的母亲去世也已经五年了，而且在这之前巴罗的姐夫已经把家里能找到的母亲的笔迹全部清理干净了。一时间案子没定论，巴罗和姐夫互不相让。

案子一下子拖了好几个月。离家稍微有点远的一个孤儿院的院长听说了此事，这个好心的女人过来帮忙解决了这个难题。请问，这个女人是用什么办法分清遗嘱的真假的？

头脑机关匣

解决问题的关键就是要分出这份遗书的真假。场景构筑当中有一个细节提到，在母亲去世的这几年间，巴罗的姐夫想尽一切办法清理了母亲留下来的所有笔迹。这就透露出一个非常关键的线索，那就是巴罗姐夫手里的这份遗嘱与巴罗母亲的字在笔迹上存在较大的不同。这样你就能够想到这个好心的女人是怎么帮助巴罗的了吧？

解密复盘

案子最大的疑问，就是遗嘱的真假。母亲去世后，没有了人证，也没有母亲的笔迹可以证明，所以无法识别遗书的真假。这个孤儿院院长来证明，这个院长说出了大家都知道的事情，那就是多年前巴罗的母亲在他的父亲还在世时资助过孤儿院，几乎每两个月就会写信询问孤儿的具体情况。院长拿出一摞信给法官大人看，巴罗的姐姐说这确实是母亲亲笔写的。与巴罗姐夫之前拿出的遗书一对照就发现是伪造的了。

到底是谁写的批条

场景构筑

月底到了，经理奥布里收到了财务主管拿过来的报表。他拿过来一看，觉得账目上有些出入，便把财务主管叫来核对。奥布里说：

“最近公司出的新产品有限，所以每个部门都是少量的供货。b 部门之前写过要求多给新产品，我当时没有答应，为什么现在 b 部门拿到了那么多的新产品？”

财务主管听到这里赶紧分辩，他说：

“所有的账目都是经理您先批准后我们才做预算，然后分配新的产品。您看，这是您的签字。”

奥布里拿过财务主管递过来的批条，看了一眼说：

“这不是我写的。当时这个批条是谁拿给你们的？”

主管想了想，说回去查下记录，然后回来说是副经理拿过来的。等副经理到场对质的时候，副经理说：

“这个批条本身就是经理您自己写的，您当时同意这么分配。”

经理当时就气坏了，作为经理他要平衡各个部门。这个副经理一直想扳倒自己往上爬，现在竟然冒充自己书写批示，这还了得！

事情闹大了自然有人出面调查。

公司内部的问题，也不想闹到法官那里，后来公司的一位资深顾问想了一个办法，很容易就辨明了是副经理想多挣些业绩，冒充经理写了批条。事情真相大白后，副经理就被辞退了。

头脑机关匣

根据场景构筑当中的描写，不难看出解决这个问题的关键就在这个真假难辨的批条上。解决问题的方法就是弄明白这个批条到底出自何人之手。需要提醒的是，既然是有人要模仿经理写批条，那字迹自然会跟经理的有很大的相似之处。让别人来辨认，难免会有失公允。但是经理能区分开自己的笔迹和模仿者的笔迹在细节上的不同。最好的办法就是让经理来辨认笔迹，这样的办法应该是不难想到的吧？

解密复盘

顾问见经理一直说自己没有写批条，就让经理按照原来批条上的内容重写了一份。然后叫来二人，当着他们的面，把批文的上面和下面都盖上，只露出中间的一行字，让经理看，然后问道：

“这是你写的字吗？”

经理说：

“这不是我写的。”

顾问让二人都出去，过了一会儿，拿来了第二份批文继续问：

“这第二份文字是你写的吗？”

经理看了一会儿说：

“不是。”

然后顾问就说道：

“经理对自己的字很熟悉，看来不会认错。”

然后拿出经理刚才写的批条，和之前的批条进行对比，发现只有极个别字的字体很像，还有一些字体是不同的。副经理见无法蒙混，只好说出了自己想多挣业绩，所以假冒经理批示的事情。

法官辨牛

场景构筑

亚历山大刚回到家，总算捡了条命回来。自己总是做发财的梦，和镇上的伙伴一起去西部淘金。原因是头几年镇上很多少年去淘金，都是发了财回来的，看着让人眼热。亚历山大原来是靠养牛放牛为生的，但是他嫌挣钱太慢就把牛卖了一部分。剩下八头母牛没舍得卖，因为这都是刚刚养大的。如果养得好，就能下很多的牛犊。

结果淘金真不容易，每天累死累活地碰运气。好不容易攒下一点黄金，打算回家娶媳妇过日子，没想到住的地方遇到了打劫的。四年的心血都拿来换命，同去的小伙子由于心疼黄金不肯拿出来，当场被强盗打死了，血淋淋的尸体倒在亚历山大眼前。遇到这种情况，亚历山大再也无心淘金了，心想还是回家过平淡的日子吧，毕竟这样稳妥些。走之前，自己把八头母牛交给了姨母，想必四年了，这些牛也该成群了。

回到家的当天他就去了姨母的家里。姨母身体不好，都是姨夫在打理家。看到姨夫的庄园里有三四十头牛，亚历山大心里总算有些安慰。当他提出要回自己的牛以及牛犊的时候，姨夫脸色当时就沉了下来，他说：

“你回来了，我也高兴。但是牛真的不好养，你走的当年母牛就死了三头。现在还有五头老母牛，你牵走吧。替你养了这么多年，费了我不少精力。”

姨母在旁边也不敢说话。亚历山大当时听见就火了，自己的八头母牛都是最好的。当时没舍得卖，就是给自己留的后路。现在姨夫一张嘴就给说没了，只打算给自己又瘦又老的母牛来充数，这让他无论如何都不能接受。二人纠缠不休，亚历山大把姨夫告上了法庭。

法官听完亚历山大的叙述，觉得姨夫说的也有可能是实际情况。毕竟这都是一些活体，都有可能会死亡。亚历山大无理取闹，需要关押几天。姨夫听到这个消息，心中暗自欢喜。看来这个小子点背，自己真要发财了。但是没出三天，法官就派人抓走了姨夫，姨夫也乖乖地承认了家里的牛是亚历山大的。请问，法官有什么高招吗？

头脑机关匣

精准把握人性是每个推理破案高手必须具备的素质之一，而趋利避害就是人的本性之一。有句话叫作两害相较取其轻，破解这个谜题的推理思路就是这句话的最好诠释。在这个提示下，要想出一个让他选择说实话的方法就不是太难了。

解密复盘

法官把亚历山大的姨夫给传到法庭：

“昨天我们打掉了一个偷盗团伙，他们中间有人指认你窝藏了他们偷盗的三十五头牛。对，就是那几个人。”

法官指了指另一个房间，那几个人只能看见背影，都低垂着头，看样子正在被审问。姨夫一下就着急了，他慌忙说：

“法官大人，我家里的牛虽然多，但都是有来历的，我之前养了三头牛，我的外甥亚历山大四年前给我送过来八头又壮又肥的母牛。这几年这些母牛都下了三十来头牛犊了。不信你问问我的妻子，我是清白的。”

姨夫的话音刚落，亚历山大就从门外进来了。他的姨夫满面通红地对亚历山大说：

“对不起，你的牛和牛犊我还给你。”

包公杀牛识奸

场景构筑

宋朝的包拯被后人称为“包青天”。他办案铁面无私，案子断得清清白白，深受百姓的爱戴。在包拯年轻的时候，他做过扬州天长县的县令。

这天包拯正在堂上看公文，从外面跑进来一个老者。老者看样子有五十多岁，胡子有点花白，老人家见到包拯就当堂跪下，让包大人给他做主。

原来老者是天长县的农民，有一个女儿现在已经出嫁，家中只剩下老夫妻两个。老两口以种地为生。女儿嫁得不是很远，平时也能照顾老两口。老人家里养了一头耕牛，都四五年了。平时都靠老牛耕地、驮东西。老者很是爱惜自己的耕牛，平常天天割青草喂养，等到冬天时把干草铡得细细的来喂。庄稼人离不开这帮手，这老牛就如家中的一口人一样。

这天早晨，老者去喂耕牛，发现耕牛不吃草料，很是着急。他仔细一看，发现耕牛嘴里还有血，眼睛里都是泪花。他一着急，赶紧掰开有血迹的牛嘴一看，老头顿时心疼坏了，原来耕牛的舌头被人割掉了。没有了舌头，耕牛没法进食，迟早是要被活活饿死的呀！

老者又是心疼自己的牛，又是恨割牛舌头的贼人。但是自己家人丁不旺，也不敢声张，怕惹事。所以赶紧跑到县衙来报案，求大老爷做主，帮他惩处割他们家牛舌头的那个人。听完老人的叙述，包拯就询问他，平日里可跟什么人结下过仇怨没有。

老人见县太爷如此询问，想了一会儿回道：

“包大人，我平时在村子里都是老老实实地过日子，一般不敢与人结怨。就是上月有老张家前来找我商议，想买走我的一块宅基地。我想我和老伴身体还可以，暂时不想卖，就拒绝了老张家。别的就没有啥了。咱又没有当时抓住人，就是怀疑也不好办。大人，您说这是有人在报复我们家吗？”

包拯说：

“十有八九就是这样，不过还要等到他来投案时才能下定论。老人家来之前声张牛舌头被割这件事没有？”

老者说：

“没有。这件事我觉得蹊跷，就直接来找大老爷做主了。”

包拯让老者不要声张，按照他说的办法去做，过不了两天肯定有人来投案。

结果到了第二天，包拯就派人告诉老者抓到割牛舌头的人了。那么包拯是根据什么断定这个牛舌头被割的案子是一个报复行为？他又是用什么办法让这个凶手来自动投案的呢？

头脑机关匣

我们需要先明确一个历史事实，那就是在宋朝的律法上有明确的规定，私自宰杀耕牛是一种犯法的行为。这个凶手并没有偷走耕牛，也没有直接把耕牛杀死，而只是偷偷地割掉了牛的舌头，这个目的就已经很明确了吧？至于用什么办法让凶手自动到官府投案，因为他在割掉牛的舌头以后就已经在等着上官府报案了，包拯只需要给他一个理由就够了，至于怎么给他找个理由，你应该可以想到吧？

解密复盘

包拯把老者叫到跟前悄悄地说："你莫要声张，回家把耕牛杀了，耕牛没了舌头，也活不成。然后把牛肉便宜卖给村子里的人。"

老者含泪点点头：

"都听大人的，这样能抓住贼人吗？"

"放心吧，你只要按照我说的办，肯定能找到。"

老者当即回家把耕牛杀了，把肉分给全村的人。第二天一早，就有人跑到县衙来告状，说老者私自杀掉耕牛，犯了私杀耕牛罪，他要举报老者。包拯看到此人后说：

"你与他不和，想找机会报复，所以来告发。但是也太胆大了，竟然割掉人家牛舌头。"此人一听脸色顿时就变了。经过审问，就是这个人所为。大宋律例规定，私自杀死耕牛是犯法的行为，所以这个人就想让老者犯法，偷偷割掉了耕牛的舌头。

两份状纸辨奸佞

场景构筑

乔仁在朝堂上列出了岐州刺史李靖的七条罪状，说李靖有谋反之心。李靖是唐朝的功臣，一直秉公执法。唐高祖不相信李靖会谋反，但乔仁说得真真切切，说如果自己冤枉李靖，甘愿领罪。高祖一看乔仁说得这么决绝，就想，人也许会变呢？他思考了很久，决定派忠厚正直的梁光接手这个案子。

梁光也不相信李靖会谋反，觉得乔仁是想陷害李靖。但是凡事都讲个证据，自己没有确凿的证据也不敢妄下结论。于是梁光便带上乔仁一起赶往岐州。此时的乔仁也在暗中思量，打算路上行贿梁光，争取让他站在自己这边，这样李靖肯定就翻不了身了。

梁光知道乔仁的做法，就假意和他谈得很投机，彼此相处相当开心。一路上二人相安无事。一天，当走到第七个驿站休息时，梁光就慌张地跑过来找到正在休息的乔仁说：

“乔大人，不好了。”

乔仁问：“怎么回事，这么慌张！”

“刚才差役查看行李，结果发现装有大人状纸的包袱不见了。管理行李的差役在行李房找了半天都没找到。这可怎么办？”

可不，乔仁一看，门外面正跪着一名差役，在那里不住地叩首作揖。乔仁一挥手说：

“这有什么大不了？再写一份诉状就好了。”

梁光终于如释重负地放下紧张的心情。等乔仁写完后，梁光把状纸给收了起来，转身走了。过了一会儿，梁光带几个差役走了过来，命人把乔仁抓了起来，并说：

“你捏造事实，陷害忠良，我有了证据，赶紧回京给我认罪。”

乔仁一下子就傻了。回到京城后，梁光把事情的经过讲与唐高祖听。高祖了解后，就按照之前的约定，命人把乔仁给斩首示众了。亲爱的读者朋友们，睿智的梁光用什么方式来断定乔仁是诬告的呢？

头脑机关匣

有句俗话叫作“撒谎容易圆谎难”。可以做一个实验：对身边的人讲述一个虚构的事情，过几天之后把这件事复述一遍，看看两次的讲述有什么不同。或者是写一个虚构的故事，过些天之后把这个故事重新写一遍，然后对照。这样就能发现这个场景中的玄机所在了。

解密复盘

梁光用了很简单的方式，二人相处开心，心意相通，故意迷惑乔仁，让乔仁没有了防备之心。说状纸丢失时，乔仁不知是计策，就重新写了一份诉状。这份诉状和之前的诉状有很大的出入，这就证明了是乔仁在编造罪状。因为如果是真的罪状的话，就会记得非常清楚。这就证明了乔仁就是诬告。

李杰明断妇人杀子案

场景构筑

唐朝时期，李杰就任河南的府尹。有一天他正在大堂上，从门外进来一个中年妇女。这个女人有四十左右，身材不瘦不胖，想必年轻时是个貌美的女人。妇女在大堂跪下，说：

“求大老爷给民妇做主。”

李杰问道：

“你有何冤屈请讲出来，我一定秉公办理。”

妇女说道：

“我有一个儿子已经十七岁了，他的父亲在三年前去世了。我独自一人带他生活。原本指望他给我养老，现在他长大了，处处忤逆我，不但不感激我的养育之恩，甚至经常打骂我。”

妇女说完便伸出手臂。李杰看到妇女手臂上有青紫色的伤痕，顿时大怒：

“天下还有这样的儿子！寡母养他不容易，现在长大了，这样对待母亲，犯下忤逆的死罪。”

妇女说：

“并非小妇人心狠，但是孩子实在太令人心寒。他不但打骂我，还口口声声说要我的命，说要找机会杀了我。”

李杰命人把其子带到大堂。寡妇的儿子看起来比较瘦弱，面相也并非凶狠之人。县令说：

“你处处忤逆你的母亲，忘记母亲养育之恩，违背道德人伦。你可知罪？”

其子听到县令的话，只是低头哭泣，说：

“事已至此，小人甘愿一死。”

这令李杰很是意外，一般来说母亲把自己养大，孩子年轻气盛可能会在气头上胡言乱语，怎么可能不珍惜自己的性命而去求死呢？这个孩子看着应该也是倔强的孩子。

李杰办案比较慎重，他重新问了下这个妇女：“你的儿子真的犯下了不可饶恕的罪过吗？你丈夫死了，这唯一的儿子可是给你养老的人，你亲手将他送到官府，当真是要让官府治他忤逆的死罪吗？如果我判处他死刑，你将来会后悔的。”妇女面容没有一点悲戚，她坚决地说：

“我养他这么大，他处处忤逆我。这样的儿子，就是死了我也绝对不后悔。”

李杰看到妇女如此决绝，只得说：

“如果你不后悔，那么就去买棺材吧。你可想好了，人脑袋被砍下可就长不出来了。”

这名妇女听到李杰这样说，竟然面露欣喜，然后转身离去。

过了不大一会儿，这名妇女便领人把一口棺材放在了衙门口。李杰看到妇女真的拿来了棺材，心中暗自思量：这个女人到底是怎样做母亲的呢？据他刚才在大堂上观察，儿子并不像女人口中讲的那种十恶不赦之人。李杰便又问这个妇女：

“你可要想好了，如果你坚持要惩戒自己的儿子，我把他处死后，你可就没有亲人了。”

这名妇女还是一样坚持要治儿子死罪，她说：

“我就当没有生养过这个逆子，棺材都放在门外了，绝不后悔。”

李杰看妇女还是如此执拗，非常生气，他命人带出一个人。当这个妇女看到这个人时，当即惊恐万分。面对此人，她只好承认自己的过错。原来李杰早就认定这个妇女是有问题的，才故意让她去买棺材。这不过是李杰用来查明真相的一个策略。那么，他又是根据什么断定这个妇女有问题呢？

头脑机关匣

每一个断案高手都是一个微表情专家，他们能够从人的一言一行中读懂人的心思。想象一下，一个失去了丈夫跟唯一的儿子相依为命的寡母，对儿子应该是一种什么样的感情？当这样的一位母亲要亲手把自己的儿子送到刀口下的时候，应该是一种什么心情？然后再想想场景构筑当中对这位寡母表情的描写，就知道为什么李杰认定她有问题了。

解密复盘

李杰审案时觉得事情有点蹊跷，虎毒不食子，这个女人为什么一定要置自己亲生的唯一的儿子于死地呢？他让妇女去买棺材，然后派人偷偷地跟在她身后。这个妇女去买棺材的路上，碰到了道边的一个道士，这个妇女告诉道士：

“事情已经结了，放心吧。”

李杰把这名道士抓起来审问，结果得知，这个妇女和这名道士有奸情，被儿子知道了，长大后的儿子处处阻挠母亲，不希望发生丑闻。这让妇女和道士很是生气，觉得儿子是他们在一起的绊脚石，于是妇女就上堂请官府以忤逆罪处死自己的儿子。儿子在大堂上又不能说自己的母亲有奸夫，只能赌气赴死。最后李杰处死了这名奸夫，那口棺材正好装道士的尸体；根据律法也治了这名妇女的罪，儿子无罪被释放。

邓文原审理连环案

场景构筑

元代至元年间，杭州桐庐县有一人叫戴汝惟。有一天，他报官说有人趁夜潜入他的家里，试图要杀他。但是他的家人包括妻子和弟弟却都说是家里遭了贼。后来经过官府的一番追查，将歹人缉拿归案。由于戴汝惟的家人说是家中被盗，并且说出了失窃的物件，官府也只得以盗窃案宣判。对于戴汝惟的说法，很多人都以为他是因为家中富有，过于担心。邓文原到任以后，这起案子已经结案了，窃贼也已经被押到郡府。对于上任判定的这起案子，邓文原总感觉有不妥的地方，打算找机会对这起案子重新审理。不料旧案子还没来得及重新审理，又发生了新的情况。

新状况还是发生在戴汝惟家，戴家发生火灾，损失严重。尤其是戴汝惟所住的那座房子，已经被烧成了白地。戴汝惟的妻子和弟弟跟官府的人说这是一次意外，而戴汝惟在起火时却没能从屋子里跑出来。戴汝惟的妻子坐在房子的废墟前哭得死去活来，口口声声说丈夫上辈子到底是作了什么孽，竟然遭此横祸，可怜好好的一个人，竟然被一把大火给烧成了灰。戴汝惟的弟弟也在一旁垂泪不止，说哥哥死得真是太惨了，被烧得啥都没剩下。

赶到现场的邓文原并没有过多在意他们的哭诉，而是让仵作检查房子的废墟。县衙的仵作在废墟中来来回回寻找，不仅没找到戴汝惟的遗体，就连一块骨头都没有找到。听完仵作的汇报，原本已经不怎么哭了的戴妻顿时哭得更加起劲了。但是邓文原却冷哼了一声，对戴妻说道：

“行了，不要再演戏了。如果你能告诉我戴汝惟的尸体现在在哪里的话，或许还能少受一些皮肉之苦。”

此话一出，戴妻的哭声戛然而止，低下头来浑身不住地颤抖起来。站在一旁的戴汝惟的弟弟也变得手足无措。虽然两个人被吓得不轻，但还是一口咬定戴汝惟确实是没能跑出来，被烧死在屋子里了。找不到尸骸是因为当时的火势太猛，尸体被完全烧光了。直到邓文原让仵作跟他们说了几句话，他们才不得不说出实情。

原来，戴汝惟的妻子和自己的小叔子早有奸情，一直被蒙在鼓里的戴汝惟发现了一些端倪，害怕事情败露的叔嫂二人就合计着要把戴汝惟给杀了。可是他们请来的杀手却没能完成任务，在遭到戴汝惟反抗后落荒而逃。戴汝惟到官府报案，他们却只说是家里遭了贼。官府定案之后，他们变得更加大胆，趁戴汝惟不注意的时候用劈柴的斧头劈死了他，然后把尸体埋在了池塘边的大树下。为了给戴汝惟的失踪找一个合理的借口，他们就制造了这次失火事件。

后来在他们的指引下，官差在池塘边的大树下挖出了戴汝惟的尸体，还有那把行凶的劈柴斧头。那么，究竟邓文原让仵作跟戴妻说了什么，就让她乖乖说出实情了呢？

头脑机关匣

破解这个谜题的关键其实非常简单，不过需要具备一些专业的知识。专业的仵作和经验丰富的破案高手都知道，普通的大火是没办法把人体烧成灰的。所谓的骨灰都是在焚烧过之后，再用特殊的设备把剩余的骨头磨碎。戴汝惟的妻子和弟弟所说的事情是不可能发生的。

解密复盘

邓文原看见他们两个咬死不肯承认谋杀的事情，就让旁边的仵作告诉他们：不要说眼前的这场大火，就是再浇上火油都绝对不可能把人直接给烧成灰。可怜他们不仅心狠还那么无知，他们这种荒谬透顶的理由早就已经出卖了他们。如果再不说出实情的话，等待他们的就会是无法忍受的皮肉之苦。两人不禁万分懊恼，在事实面前不得不承认了自己的罪行。

把家产还给哥哥

场景构筑

明朝弘治年间，合州有兄弟二人，家中父母已故，哥哥在外省做个小官，弟弟在老家务农。老话说树高百尺，落叶也要归根，于是哥哥把自己的薪俸留一部分家用后，其余的都托付给了弟弟，让弟弟在老家给买房子、置地，等自己年老了回家也能衣食无忧。弟弟写信告诉哥哥置了房产、买了很多田地，将来生活不用担心了。兄弟二人的感情比较好，哥哥也相信弟弟。需要办房契和田契的时候，哥哥就没有回去，都是弟弟一手操办。房契田契都在弟弟的手里。

但是天有不测风云，人有旦夕祸福。哥哥忽然在任上得了重病，没几天工夫人就死了。哥哥的妻子悲伤不已，丈夫死在了任上，她只能带着夫君的棺材回老家安葬。弟弟看到哥哥死了也是心痛不已，可是等办完哥哥的丧事，弟弟迟迟不给嫂嫂和年幼的侄子一个说法，让嫂子和年幼的侄子住在一个小房间里。弟媳整天嫌嫂子和侄子在家吃闲饭，言语之间总是说哥哥多年的积蓄应该拿出来赶紧买房、置地，不能长期住在自己家里。嫂子整天以泪洗面，她之前经常见丈夫给弟弟银两，说是家里置了房产、田产，于是嫂子便问小叔之前置好的田产和房产在哪里。弟弟觉得哥哥已经死了，死无对证。他想赖下哥哥的家产，就怎么也不承认。他说现有的东西都是自己挣来的，和哥哥没有关系。这让嫂子气愤不已，为了自己年幼的孩子，嫂子将状纸递到了大堂上。

合州府接到状纸，便把弟弟传唤到了大堂之上审问。所有的田契、房契都是弟弟的名字。当时哥哥给钱时也没有人证，这让州府也很难取证。于是案子就这样拖了下来。嫂子难以维持生活，见合州府问询一次就再也没有消息了，前去催问。官府说：

"你没有证据，很难断定你们谁说了假话，你还是回家吧。"

嫂子万般无奈。但她毕竟也是见过世面的女人，打听到眉州的太守郭彭祥秉公断案，为人正直，就越境到了眉州。眉州太守郭彭祥看完了她的状纸，听了她的申诉，就告诉她不要着急，暂时在眉州居住，自己会想办法给她断明。果然过了没几天，弟弟就被差役押解来到了眉州，郭彭祥只不过问询了一次，弟弟就承认霸占哥哥房产、田产的事实，最终田产和房产回到了嫂子和侄子的名下。你能想到郭彭祥是怎么做到的吗？

头脑机关匣

要想破解这个谜题就需要解决两个难题：一个是上诉人要夺回自己的财产，但是却没有任何证据；另外一个是郭彭祥属于越境办案，他需要一个理由来获得越境审理的权限。那么，一个什么样的理由才能既让合州府自己把人送过来，还能使得这个企图谋夺哥哥财产的人主动把财产归还呢？这就需要一个比夺产罪更大的罪名，这个罪名既要跟案子当中的财产有关，还要能让合州府衙不敢怠慢。如果你想到了这样的理由，那么你就能替上诉人申冤了。

解密复盘

郭彭祥仔细思量，这个案子的难处就在没有证据。郭彭祥派人到监狱里提来了一名盗贼，告诉盗贼这次要配合官府做个局。他让盗贼说合州的弟弟是盗贼的同案犯，现在为了审案需要提审弟弟，然后出具公文到了合州。合州府一看自己辖区出了盗贼，就让人押解弟弟去了眉州。大堂上盗贼咬定弟弟就是同伙，这么多年来，弟弟用盗得的银两置了很多房产和田产。弟弟家产丰厚，如果被指认可是要坐大牢的。此时弟弟心中着急，便在大堂上说明，自己在家务农，没有挣下太多的钱财。但是自己没有偷盗，那很多资产都是哥哥的。哥哥在外就任，不方便回来，所以哥哥的资产写的是自己的名字。郭彭祥让人详细地记录了弟弟的供述，然后让他列举了所有属于哥哥的财产。记录在案后，郭彭祥就让弟弟签字画押，最后请出了门后的嫂嫂。弟弟此时看到嫂嫂，再也不能抵赖，于是就归还了哥哥的财产。

太守审石断案

场景构筑

明朝宪宗时期的一天，辰州乡间的小路上走来一个挑担的人，走近一看，原来是个贩纸的小商贩。商贩满头大汗，原来是给城里送之前约好的纸张。由于路途比较远，天刚蒙蒙亮，商贩就挑担出门了，走了这一路累得气喘吁吁。虽然现在是秋高气爽的天气，但是沉重的担子也让人又累又热。商贩看见不远处，路边有几块大石头，他走到近前把担子放下。商贩看见石头干净平坦，打算躺下来歇息一会儿。可能是由于起得太早，此时又太疲惫，他竟然睡着了。

一阵风刮过来，商贩从梦中醒来，睁眼一看，眼前明晃晃的一片，日头已经很耀眼了。他心中自责睡过了头，赶紧翻身坐起。一翻身他就傻了，放在路边的纸担子不见了。他赶紧抬眼望去，路上偶尔几个行人，但是并没有挑担的。他心中懊恼不已，实在没有办法，就去了太守那里。当时镇守辰州的是于成化。于成化听完商贩的叙述，就问他，纸的数量有多少？有没有什么特殊的标记？小贩说自己的纸都是市面上特别少见的特殊纸张，自己看见了肯定能认出来。然后又说了每种颜色的具体数量。听到小贩说得那么仔细，于成化就说：

“你睡着了，什么都不知道，但是石头没睡着呀，来人，把作案的石头给我带到大门口。”

小贩被太守的话弄得有些莫名其妙，差役们也不知道太守要做什么，但还是按照指令把大石头放在了衙门的台阶上。于成化对着大石头说：

“你这个可恶的石头，趁人家睡着了，然后你把纸担子给偷走了，还不从实招来。”

石头当然不会说话，于成化就命差役拿鞭子鞭打石头。听说太守大人在“审石头”，路过的人都停下脚步观看，这是大家都没听说过的事情。围着看热闹的人越来越多，挤得里三层外三层，把官署的院子里挤得水泄不通。这时于成化命人关上大门，然后大声说：“一个可怜的小商贩丢了一担子纸，大人我打了石头，大家都来围观。石头没有招供，现在小商贩需要大家的帮助，希望围观的人可怜这个丢东西的商贩。大家看看身上有没有多余的钱，若有，施舍给商贩一点，让他渡过这个难关。”商贩衣衫褴褛地蹲在台阶上，大家都上前对他进行了或多或少的帮助。这个事情在城里都传开了：小商贩丢了东西，太守大人不去找偷东西的贼人，反而让大家集体资助小商贩，还就这么稀里糊涂地结了案。一时间百姓们说什么的都有。

但是事情并没有真的完结，过了没几天，于成化就叫人把小商贩找过来，告诉他偷盗纸担子的人已经被抓住了。那么，于成化是怎么抓到偷纸的贼的呢？

头脑机关匣

从场景构筑的描写中可以看出，在这起案子中没有一丁点作案者的信息，这就不可能从作案者的身上展开侦破。于是，只能从另外一个方向入手了，那就是那些被小偷偷走的纸张。小贩把这些纸的特征和数量都说得非常细致，并说再见到这些纸的时候他肯定能认出来。那么怎么让这些纸出现在这个小贩面前，就成了问题的关键，这就是破解这个谜题的推理方向。

解密复盘

这个案子在大家都以为结案的时候，于成化命人在城里贴了很多公文，说是官府需要大量的纸，希望纸商们把纸送到官府然后进行筛选。等到纸商们把纸送到时，于成化让纸商都在各自纸上签上名字。因为他提前问过小商贩，得知小商贩担子里面的纸都是有特色的纸，他能辨认出自己的纸。于成化把纸商交过来的纸让小商贩仔细分辨，小商贩就辨认出了自己的纸。纸上都有姓名，根据这个线索，最终查到了偷纸的盗贼。

殷云霁笔迹辨凶

场景构筑

故事发生在明朝正德年间，当时的清江县县令是殷云霁。一天，殷云霁正端坐在大堂上，下面有人禀报，说是有人在文庙之中发现尸体。殷云霁马上带人前去查看，调查后发现，死者是一个有钱的商人，名叫朱凯。

殷云霁询问朱凯的家人后得知，朱凯身上带了好多财物，是打算外出进货的。估计是钱财外露，被人见财起意杀害了。殷云霁仔细查看了现场，结果什么都没有发现。看来作案的罪犯有一定反侦查的常识，没有留下什么蛛丝马迹。就这样，案子调查了一个多月也没有进展。

就在殷云霁焦头烂额的时候，事情有了转机。一天殷云霁收到了一封匿名信，信中写道是一个叫作李东的人杀死了朱凯。看完信，殷云霁就问身边的差人：

“信中写道是李东杀了人，你们看看，这有可能吗？”

身边的几位差人都回答：

“很有可能。”

因为大家都知道李东和朱凯的关系不好，甚至可以说是敌对状态，很有可能是仇杀。殷云霁想想大家说得也有道理，但也许是真凶故意转移大家的视线，嫁祸于李东。他私下仔细问询县衙中有没有人私下和朱凯交好。几个人都说是姚姓小吏和朱凯关系比较好，殷云霁听到这些就觉得有点眉目了。过了一会儿，他把大家都叫到大堂说：

“最近老爷我的工作比较忙，想找一位字写得漂亮的来协助我工作。”

然后让大家都抄写一篇文章，文章上都要注上自己的名字。等大家都交上文章给他看时，殷云霁大声叫道：

“姚庆，你这个杀人犯，还不给我从实招来，还等老爷我大刑伺候吗？”

姚庆听到这里，便知道隐瞒不住，就供出了自己送朱凯去外地进货的途中，发现朱凯身上带有很多的银元宝，自己在贪念之下，在文庙之中杀死了朱凯，把痕迹打扫干净，并通过嫁祸于自己的同事李东来转移视线。他觉得自己做得天衣无缝，没想到还是被县令大人给识破了。

头脑机关匣

从场景的描述来看，这就是一起典型的谋财害命案件。而有人写举报信说是仇杀，这封举报信就是直达真相的关键。

解密复盘

办案期间，殷云霁想到了杀人犯可能是嫁祸于人。当时能识字、写字的人不多，那么就从朱凯身边关系比较亲密的人查起。当他怀疑姚庆时，故意让所有人写文章备注自己的姓名。和匿名信一对照，自然找出了凶手。而姚庆以为自己成功地转移了视线，所以不加防备。

将计就计捉强盗

场景构筑

警长看着眼前的账簿沉思不语，昨晚富豪家遭到了一伙蒙面人的打劫，他们把富豪一家三口都绑上双手、蒙上眼睛，然后把所有值钱的东西都偷走了。直到今天天亮有收电费的人上门，才发现了被困住的三个人。

富豪随即报警，警察来到富豪的别墅，发现屋里被翻得乱七八糟。他们在门口发现了一个本子。经过富豪的辨认，这不是他家的东西。警察打开本子一看，上面写的都是一些名字。例如，某年某月谁谁谁在哪个酒楼请客，或者是谁谁谁某天在谁家聚众赌博，再者就是谁的女朋友被谁带走了，然而二人并没有生气，等等。这样比较详细的记录有二十多条。

警察看到这里觉得肯定是强盗们丢在这里的，警长觉得案子肯定和本子上的人有关系，就命手下把本子上记录的人一个个给抓到警局。被抓的这些人都是本地有钱人家的孩子，这些孩子平时喜欢出风头，聚众喝酒赌博。等到警察询问时，恰巧案发当天都没法证明自己不在场。由于平时这些年轻人无所事事，又不服管教，连他们的父母都相信自己的孩子肯定脱不了干系。这些年轻气盛的人一看父母都不相信自己，加上本子上记录的事情都能对得上，就都赌气地认了罪。

既然认了罪，那么赃物也要找出来才算是结案。几个人就随便说了平时他们玩的郊外的一个仓库。警长派人去搜查，结果赃物全部找到。几个年轻人看到警察真的在仓库里拿出赃物时，顿时无话可说。怎么就那么巧？这下真的是有口难辩了。案子就这样定了下来，这几个年轻人都被关在了大牢里面。

但是警长并没有就此结案，他总是觉得案子有问题。他一直感觉自己在被别人牵着走，而这几个年轻人也很有可能是遭人陷害。警长苦苦思索问题所在。几天后，他终于帮这几个年轻人找到了证据，抓住了真正的盗贼，也就是那些故意冤枉他们的人。

头脑机关匣

破解这个谜题我们需要先做一个假设，假设这几个年轻人真的是被别人设计陷害的。那么，在警长身边就必然会有一个为真正的盗贼通风报信的人。不然对方就无法事事都做在警方前面，牵着警方的鼻子走。接下来要怎么做，就不难想出答案了。

解密复盘

警长仔细地回忆办案的细节，总觉得那个本子是有人故意放在案发现场的，猛然发现每当自己在开会的时候，平时负责卫生的约翰总是非常巧地出现在办公室。意识到这一点后，他又问了身边的同事。通过询问别的警察，警长发现大家都是这么认为的。警长就找到了约翰，向他说明了事情的严重性。约翰一看蒙混不过，就说了有人行贿他，让他关心这起案子的所有细节，有情况及时报告，包括仓库里的赃物都是约翰给通的信。通过约翰，警长抓住了真正的盗贼，并释放了几个受冤枉的年轻人。

造假案败在大堂上

场景构筑

历朝历代对造假案都很重视，如果发现必定追查到底，严惩不法者。元至正年间，在江西铅山一带有很多不法分子伪造钞票。豪民吴友文是做伪钞的大头目。他们经营了很多渠道，把伪钞销到江苏、安徽、河南、河北一带，整整小半个中国都有他们的伪钞。吴友文是个凶狠残暴的人，他制造伪钞发了财，靠金钱收买了四五十个人，这些人都被他安排到官府当差。如果发现有人向官府举报，吴友文就私下找人秘密杀害这些举报者。举报的人有很多，前前后后死在他手中的人不计其数。有了钱，吴友文为所欲为，在当地强占良家人的妻女竟多达十余人。铅山当地的百姓深受其害，但是苦于申冤无门，只能任由吴友文肆意妄为。

历任官府对此也是无可奈何，一直抓不住他的把柄和证据。甚至有在任者收取贿赂，睁一只眼闭一只眼。一直到福建罗源人林兴祖就任铅山。林兴祖一到任就在暗中调查此事，决定要替百姓除害。他到任没几天，就四下张贴榜文，称“严查伪造钞票，如有违法者严惩不贷。如有举报属实者，定当给予巨额奖励”。榜文贴满了大街小巷。一时间百姓议论纷纷，大家都期盼官府能早日把这些坏人绳之以法。

榜文贴了没几天，就有人前来举报。大堂上林兴祖对举报者仔细盘问，假装说举报者没有充足的证据，给轰了出去。官府部门中有吴友文的很多眼线，眼线把举报人被轰走的消息告诉了吴友文。吴友文听后哈哈大笑，心中暗自欢喜：看来这任知州也不过如此，四下张贴榜文也就是做给朝廷和老百姓看的；强龙不压地头蛇，他林兴祖到了铅山也得乖乖的。

但是没过几天，吴友文就被林兴祖给抓到了大狱。通过吴友文，后来又抓住了同案的二百来个余党，林兴祖全部都依法惩办。至此，制造伪钞的吴友文团伙被肃清。铅山的老百姓都交口称赞，朝廷也对林兴祖予以奖励。请问，林兴祖是怎样抓到吴友文的证据的？

头脑机关匣

破解这个谜题需要运用逆向思维展开推理。按常理来说，府衙里有对方眼线是一件非常糟糕的事情，等于自己这边的一切都完全暴露在了对方的眼皮底下。就算是有再高明的破案妙招，一旦泄露了机密也不会有任何收获。但是在善于运用逆向思维的人眼里，这致命的不利条件，也能够转化成非常有利的破案利器。从这一点出发展开推理，就不难想象出林兴祖的破案方法了。

解密复盘

林兴祖知道官府有吴友文的眼线，所以刚开始时他轰走举报人，让吴友文误以为自己也和前任一样，说是严查其实就是做做样子而已，暗中却派人调查此事。后来还有人前来举报，他就趁机抓住了吴友文的两个党羽。吴友文不知道那两个同伙已经认罪并签字画押，觉得从自己对历任知州的了解来看，估计林兴祖就是想索要点贿赂。他就亲自前往官府去当说客，希望林兴祖释放自己的同伙。所以林兴祖当场就扣押了吴友文，并迫使他承认了罪行比较严重的几条，签字画押后，吴友文被打入大牢。林兴祖贴出布告，告诉百姓有对吴友文揭发的都赶紧到大堂上来，铅山百姓深受其害，一下子来了一百多人前来申诉。就这样，一个造假团伙被林兴祖端掉了。

凶手正在围观

场景构筑

浙江御史杨逢春接到都察院的命令，由他二审刑部一个官员的案子。这起案子说起来也是比较难，都过去好几个月了，还没有一点眉目。

事情是这样的，福建人王宗是刑部的一名官员。有天他当值的时候，家人跑过来告诉他家里出了命案。他赶紧告假回到家中，发现小妾躺在床上，身上插了一把刀，鲜血把被子都染红了。他看到这里很难过，赶紧命人保护好现场，自己抓紧时间赶往刑部报案。当时的刑部最高长官是周用，自己手下家里出了命案，一定要亲自来审案。周用亲自带人前往王宗的家里勘查现场。调查进行了好长时间，一直没有进展，也没有线索。这时周用就怀疑王宗在卧室杀害了自己的小妾。但是无论怎样审问王宗，王宗都不承认。他说自己当时在刑部值班时，家人过来告诉自己家里出了事，有同僚可以做证。

再说小妾很合自己心意，又没有发现小妾品行不端，没有理由杀人。再者他为官多年，是知法守法的人。他这样说也有道理，案子就这样拖了下来。无奈之下刑部只好把这个案子交给了以善于断案闻名的杨逢春。

杨逢春接到案子后，仔细梳理了案情。他把案子的疑点都列了出来，对王宗的家人也都进行了询问。然后，他让人在刑部大门口张贴告示，说三天后的二更时分，杨大人要夜审这起案件，大家都可以进门房旁听。经过三天的口耳相传，很多人都知道了杨大人要夜间审案。到了二更时分，杨逢春果然升堂审案。王宗被带到大堂上。在大堂上，杨逢春审案一丝不苟，每个细节都不放过。王宗被关押了几个月，胡子拉碴，面容憔悴，说话声音都很小。这时只见有衙役从外面进来，附在杨逢春的耳边说了几句话，就听见杨大人大声说：

"把外面偷听的两个人给我带到大堂上。"

衙役押着两个人走到了大堂下，杨逢春喝道："你们两个在这里鬼鬼祟祟地偷听，还不从实招来杀人的经过。"

这两个人连呼冤枉，杨大人对他们说了几句话，然后这两个人就无话可说，只好把自己杀人的经过说了出来。众人一看，杨大人断案太厉害了，刚升堂就找到杀人的真凶。

头脑机关匣

要想弄明白杨逢春为什么会抓这两个偷听的人，就先要弄明白杨逢春为什么要夜审。因为古时候人们习惯于日出而作日落而息，二更时分很多人都已经睡了，前来听审的人不会很多。凡是前来听审之人，要么是极其好事之人，要么就是跟案件有关联之人。想象这两种人在现场会有什么不同，就会明白杨逢春为什么在听审的众人中，偏偏就抓了他们两个。

解密复盘

杨逢春经过仔细调查，发现王宗没有作案的动机和时间。这起案子的重审，真正的杀人凶手肯定也在关注。于是就提前三天公告夜审此案，那么和案件无关的人员肯定不会大半夜里来旁听。在人数不多的旁听者中找到形迹可疑的人比较容易，杨逢春提前安排了衙役，让他们关注周围来偷听的形迹可疑的人。因为怀着强烈的好奇心半夜来听审的人，必定会尽量选择靠公堂近的和明亮一些的位置，这样才能看得清楚一些。但是心中有鬼的关联者却不一样，一方面想要打探消息，一方面还想隐藏自己的行迹。这两个鬼鬼祟祟的旁听者，来都来了，却一个劲地往黑暗的地方挤，自然就逃不过衙役的眼睛了。

闺密巧破凶杀案

场景构筑

桑尼是个富家小姐，长得白白净净，一头棕色卷曲的长发，身材曼妙多姿。她的父母结婚多年后桑尼才出生，所以桑尼从小在父母的溺爱中长大，平时自己什么都不用操心，就有吃有喝有钱花。到了十七八岁，由于她年轻漂亮爱交际，周围有很多向她献殷勤的男孩子。

在众多的追求者中，她决定选择比自己大十岁的麦克。麦克的父母在他十多岁的时候就去世了，依靠父母的遗产，麦克生活无忧。当年轻漂亮的桑尼出现在麦克面前时，麦克就动了心。而麦克这么多年一直风流惯了，心想现在面前的娇小姐可是远近有名的富豪的女儿，如果能和她结为夫妻，那么自己后半辈子就有依靠了。麦克久经风月，毫不费劲就俘虏了这个情窦初开的少女的心。在两人交往一个多月后，桑尼就已经离不开麦克了，觉得麦克就是她梦寐以求的白马王子。桑尼的父母刚开始时极力反对，但是桑尼不管不顾，硬要和麦克在一起。万般无奈，父母为他们举行了盛大的婚礼。

婚后，麦克把桑尼宠得无比幸福，桑尼到处夸赞自己的丈夫是多么出色，对自己是多么疼爱。生活总是有波折，婚后不久，桑尼的父母在一次车祸中丧生。多亏有了麦克的安慰，桑尼才不至于崩溃，熬过了这段灰暗的日子。父母走了，桑尼继承了巨额财产。办完丧事，麦克带桑尼出游散心玩了半个来月才回到自己的别墅。桑尼买了礼品打算送给自己的朋友珍妮，因为在最无助的时候，珍妮帮了她不少的忙。

珍妮在桑尼到家的第二天接到麦克的通知，麦克说昨晚两人到家后很疲惫，很早就睡了，早晨起床发现桑尼死了。珍妮跑到桑尼家一看，桑尼静静地躺在床上，已经没有了气息。麦克在旁边哭得像个泪人，他说由于桑尼的父母突然死亡，桑尼心情就很不好，总是情绪波动很大，出游时总是莫名其妙痛哭不已。警察过来检查，说也许是心脏不好突然死亡的。珍妮心中暗暗奇怪，之前没听桑尼说过自己心脏不好。但是警察都说可以正常进行葬礼了，她心中有疑惑也没有办法。她询问警察有什么疑点没有，警察说从尸体表面来看，看不出有什么不妥，肤色正常，浑身也没有看见伤痕。珍妮心想也许是自己多心了，麦克失去了妻子看起来也非常痛苦。于是珍妮就向麦克提出了一个要求，正是这个要求让麦克露出了马脚，原来是麦克为了早点儿拿到桑尼的遗产，谋杀了单纯的桑尼。那么，珍妮到底对麦克提出了一个什么样的要求就让麦克的谋杀露馅了呢？

头脑机关匣

既然是谋杀，肯定会在尸体上留下一些痕迹，只不过有的明显有的不明显。那些隐蔽性很强的极细小的伤痕往往能够躲过很多人的眼睛，而珍妮的这个要求竟然能够推翻之前警察关于死亡原因的结论，肯定是对桑尼的尸体进行了更加细致的检查。而她提的这个要求也必定与此相关，而且麦克还没有直接拒绝的理由。据此展开推理，就不难想到珍妮所提出的要求了。

解密复盘

警察检查也没有查出伤痕，就按心脏病猝死来处理。珍妮提出的要求是，桑尼是个爱美的女孩子，年纪轻轻就走了，作为桑尼生前最好的朋友，她要亲自给死去的桑尼沐浴化妆，然后再进行葬礼。麦克虽然不愿意，但是也不想多生麻烦，如果起争执，让警察介入就麻烦了。沐浴时，珍妮发现桑尼的头顶有颗极细的铁钉。最后经过审讯，原来是麦克贪图桑尼的遗产，所以趁桑尼睡着时用迷药让其失去知觉，然后用铁锤把极细的铁钉钉入桑尼的头顶，桑尼当时就气绝身亡了。麦克把整根铁钉全部钉进了桑尼的脑袋，由于铁钉非常细又有钉帽盖着，所以出血也很少。麦克把尸体的血擦干净，又加上桑尼头发浓密，所以警察当初没有发现，沐浴时才被珍妮发现桑尼死于谋杀。

武生偷窃案

场景构筑

南宋末年，一个月明星稀的夜晚，清风徐徐，很是凉爽。杭州丞相府内，院子里静悄悄的。几天前，丞相老爷新娶了美妾。丞相很早就和美妾入睡了，睡到半夜时分，丞相突然被一声异响惊醒。月华如水，照进室内，屋里也比较明亮。丞相在床上隔着纱帘看见一个身影在自己房间内，心里一惊：难道是屋里进了盗贼？

那人继续翻找案子上的东西，没有察觉纱帘后面丞相的眼睛。丞相发现盗贼身高七尺有余，有一副漂亮的胡子，身上还挂着刀。看见盗贼腰里的刀，丞相当时也不敢声张，万一吵嚷起来，外面的护卫也来不及赶到。此时他屏住呼吸，眼睛盯着盗贼，眼睁睁地看着自己的七宝系腰和房间内的金银珠宝、美玉饰品等被贼人放入地上的一个大包袱中。突然，贼人走路时脚步声大了，惊醒了丞相身旁的美妾。美妾说：

“不好，老爷，屋里好像进贼了。”

丞相赶紧捂住美妾的嘴巴，说道：

“这是丞相府，安全得很，怎么可能进盗贼！也许是猫在地上跑来跑去，睡吧。”躲在一旁的盗贼听到这里，便匆匆背起包袱逃走了。

第二天一大早，丞相就下令属下画出盗贼的图像，命令全城进行搜捕，限期破案。奇怪的是到期限过后都没有盗贼的一点信息。这令丞相非常生气，自己眼睁睁地看着盗贼从家里偷走东西，以为不出几天就能抓到盗贼挽回损失，结果连影子都没有抓到。

这件事情让丞相烦恼许久，一直到了第二年。有天丞相接到一封公函，他拿起公函仔细看。看完后他不由得连连咋舌，还有这样的盗贼，让人始料不及呀！请问：难道丞相哪里出了问题，让盗贼钻了空子，排查得这么严密都没有见到盗贼的影子？

头脑机关匣

丞相提供的唯一的破案线索就是他所看到的贼人的模样。他以为自己已经把贼人的相貌都交代得很清楚了，只要详加排查，抓到贼人应该是一件很简单的事情。但是实际情况却并非如此，真正的探案高手应该明白，贼人在作案时都要做一番伪装的。尤其是某种特殊职业的人，他们展示在人们面前的不过是一个假象，甚至是一个艺术形象。那么，你能从贼人的装扮想象出他的真实身份吗？如果能，那你就离事情的真相不远了。

解密复盘

俗话说耳听为虚，眼见为实。丞相怎么也没料到盗贼竟然在夜间也是化装的。原来这个夜入丞相府偷窃的贼，以前是一个戏班里的武生，因为手脚不干净被班主赶了出来。这个贼在离开戏班的时候还没忘顺手偷走一套武生的行头，从此就经常扮成戏里的模样蹿房越脊偷东西。这个盗贼提前在丞相府附近住店，研究好路线，然后下午装作喝醉酒，引得店家和伙计都来帮忙搀扶到房中。店家和伙计把他搀扶到床上，然后离开了。这盗贼算好时间睡到二更，便从窗户跳到民房，然后潜入丞相府。由于月光明亮，这盗贼随身带了唱戏用的美髯，进到房间后甚至穿上了唱戏用的很高的靴子。即使丞相在月光下看到他，其实也不是他本人真实的身高和相貌。这贼把赃物偷偷藏到附近的白塔，自己回到店里继续睡觉。当第二天士兵前来严查时，士兵不会对这个身材矮小，也没有胡子的人多加盘查。加上店主做证此人昨晚喝醉了一直在睡觉，所以盗贼安全得很。等到官府盘查风声过去了，盗贼才拿出赃物逃跑。但是在第二年销赃的时候，盗贼还是被抓起来了。

丢金子背后的糟心事儿

场景构筑

中午，大家刚吃完午饭，最近没什么案子发生，警局里的同事都聚在一起闲聊。警长阿诺独自坐在办公桌前处理一些书面材料。这时候一个满脸是汗的中年人跑了进来，报案说昨晚他留在城外的黄金被别人给偷走了，那是他多半年的经商全部所得。

满头是汗的报案者叫詹姆斯，是附近镇上一个小有成就的商人，经济富足，拥有一个美丽的妻子和闹市区黄金地段的房子。商人的一切看起来都很完美，如果非得说生活当中有什么欠缺的话，那就是跟漂亮的妻子聚少离多。因为经商需要在外奔波，他经常要花很长的时间到很远的地方去贩卖货物。有的时候是一个月，有的时候是半年甚至更久。虽然自己的付出换来了生活上的富足，但总是少了点幸福的感觉。虽然妻子从来没有抱怨过，但是他自己心里明白，所以他每次都尽可能地在家里多待一段时间。这次他从本地贩卖货物到很远的地方，这一去就是大半年的时间。所幸他的辛苦和努力都没有白费，赚的钱也比之前的都多。但是他有一个习惯，就是每次都会把赚来的钱换成黄金带回来，这次也是一样，回来的时候他身上带了数量不少的黄金。昨天路过这个小镇的时候天已经黑了，他归心似箭，想着再赶一赶的话半夜应该就能到家了，因此没心思住店。不过随身带着黄金走夜路，万一路上遇到拦路抢劫的坏人，不光是黄金保不住，自己也会有危险。

反复思考之后，这个精明的商人决定再往镇外走一走，趁着天黑把这些黄金找一个荒僻的地方先埋起来，等天亮了以后再回来取。于是他就找了一个没人的地方把黄金埋了，上面还用枯草做了伪装，然后才放心地往家赶去。詹姆斯到家的时候已经是半夜了。妻子见他半夜回来非常意外，再一看他两手空空的，就赶紧问他到底发生了什么事情，怎么空着手大半夜的就回来了。看到妻子担心自己的安危，詹姆斯赶忙解释了其中的原委。他告诉她不用担心，说这次赚的比以往都多，怕走夜路不安全，就埋在附近镇外的某个地方了，还把具体的埋藏地点以及有什么标记都告诉了妻子，并说这趟赚了这么多，终于可以在家里多待上一段时间了。

第二天，他一觉睡醒发现妻子已经做好了早餐。妻子催促他赶紧吃了好去把黄金取回来，走得晚了，回来又该到天黑了。谁知道，詹姆斯兴冲冲地赶到藏钱地点之后才发现他做的伪装都还好好的，但是埋在下面的黄金却不翼而飞了。

阿诺听完詹姆斯的讲述，就问他路上有没有遇见什么熟人或者是跟什么人说过话。詹姆斯说一路上什么人都没遇上，更没有和什么人说过话。阿诺沉思了一会儿跟詹姆斯说：

“恐怕小偷并不在我们镇上，如果你能回到你们镇上去报案的话，抓捕盗贼会更容易一些。”

听警长这么说，詹姆斯好像意识到了什么，不可置信地冲警长喊道：

“你这话是什么意思？你是说我的妻子偷走了我们自家的黄金吗？这么说简直是太荒唐了。没错，这件事儿我确实只对她一个人提起过，但是她没有理由偷自己家的黄金呀。再说了，从我回到家的那一刻起，她就一直在我身边，根本就不可能有机会跑到这里来偷黄金。”

对于詹姆斯的暴怒，阿诺并没有介意，而是冷静地对他说：

“先生，我并无意冒犯，我也没说您的夫人偷走了自己家的黄金。但是恕我直言，您遇到的麻烦可能不只是丢失黄金这么简单。”

詹姆斯沉默了一会儿，突然好像是明白了什么，颓然地坐到了地上。你能猜到詹姆斯明白什么了吗？

头脑机关匣

破解这个谜题需要根据场景构筑的描写展开一定的联想。推理的思维不要局限在两个当事人身上，场景当中可以看出在野外埋金子这件事儿詹姆斯确实只对自己的妻子讲过，妻子也确实没有作案的机会。但是根据两个人的生活状况，细心的人不难做出第三种推论。

解密复盘

原来由于詹姆斯一年当中有一大半的时间是不在家里的，年轻的妻子耐不住寂寞就跟别人有了来往。只是他们平时行事都非常小心，詹姆斯也并未发现异常。这次詹姆斯回来，如果按照行程计算的话，他最早也要第二天的中午才能到家。没想到归家心切的詹姆斯想出了这么个主意，把金子埋起来连夜就赶回了家。这就把这个男人给堵在了家里，听见詹姆斯叫门的声音就赶紧找地方藏了起来。詹姆斯看见开门的妻子惊慌失措的样子还以为是在担心他的安全呢，刚进门就把事情告诉了妻子。他本意是想让妻子安心，却没想到被藏在暗处的人给听了去，于是那人便连夜赶去把金子给挖了出来。所以，这位警长在想明白这一切后跟詹姆斯说他最大的麻烦可能并不是那些丢失的金子。

谁穿走了新娘的嫁衣

场景构筑

清朝的名臣中丞于成龙断案如神，有次他巡查辖区高邮的时候正好碰到了一个案子。高邮城里有家富绅要嫁女儿，准备了好多嫁妆。由于东西太多了，甚至很多物品都放在院子里。有天黑夜，盗贼竟然把院墙打了个洞，从院子里偷走了好多嫁妆。

富绅第二天早起看到院墙上被打了洞，女儿的嫁妆甚至陪嫁的衣服、被子都被盗贼偷走了。女儿的婚期马上就要到了，重新做也来不及了，他非常气愤，赶紧到州府去报案。由于当时没有人看见盗贼的形貌，州刺史听完富绅的诉说也无可奈何。城里这么多人家，一家家挨户搜查可是要费很多人力的，到时候还不一定能找回来。巡查的于成龙在旁边听完富绅的诉说，眼见刺史摇头，他当即对富绅说：

“这个案子我来接管，一定帮你追回丢失的嫁妆，不耽误你家嫁女儿。”

富绅叩谢离去。于成龙当即命人把三处城门都关掉，只留下一个南门供行人出入。他命令掌管缉捕的官吏严守这一个城门，仔细盘查出城的车辆以及行人、货物等。接着又命人四处张贴官府公告，说巡查大人亲自调查此案，让城里老百姓不要四处走动，都各回各家，第二天官府将会挨门挨户地盘查，即使掘地三尺也要找到盗贼以及赃物，不惜一切代价，定要为民除害。

告示贴出引来好多百姓的围观，大家都在议论，说盗贼这次要倒霉，巡查使接了案子，他破案比州刺史可要厉害多了。大家猜测得不错，果然于成龙很快抓到了盗贼，但是他并没有像说的那样挨门挨户去搜。第二天中午掌管缉拿的官吏就跑过来报告抓到了盗贼。请问，于成龙运用了什么策略，这么轻松就抓到了盗贼？

头脑机关匣

当案发现场没有留下什么有价值的线索的时候，案件的侦破就会陷入僵局。如果这时候对方一直躲在暗处没有任何行动，这起案子很容易就会成为悬案。所以真正的破案高手都会想办法让对方先动起来，只要他们动起来就总会留下一些蛛丝马迹。据此展开推理就能想到于成龙能在短期内破案的方法了。

解密复盘

于成龙让官吏四下张贴告示，说是第二天挨门挨户掘地三尺查赃物，其实就是为了造声势，让盗贼觉得赃物在城里很不安全。盗贼有了危机感，就会抓紧时间把赃物转移出城，而现在只有一个出城口。于成龙告诉缉拿的官吏，不但严查车辆、货物、包袱等，最重要的是如果发现有人不断地出城进城，那就是盗贼。缉拿官吏把连续出城进城的两个人带到于成龙面前，这两个人最初还不承认。于成龙让人扒下了他们的外套，发现这两个人居然穿了两三层女人的衣物。盗贼见无法抵赖就认了罪。于成龙在盗贼的指引下又抓到了同伙，追回了赃物。

雷雨夜的爆炸案

场景构筑

又是一场暴风雨过境，天空的炸雷不时响起，巨大的声响震得窗户嗡嗡发抖。耀眼的闪电划破夜空，一次次狠狠地劈向大地。巨大的声响把阿尔伯特探长从睡梦中惊醒，他站在窗前点燃了烟斗，望着窗外的狂风骤雨发呆。他在心里暗暗祈祷，这么糟糕的天气希望不要有什么人员伤亡才好。不知道这种天气下有没有赶夜路的人，那些住在危房里的人，希望他们能够平安。

雷声渐渐地变得稀疏了，声音也越来越小，朝着远处慢慢地去了。阿尔伯特把手里的烟斗在桌子上磕了几下，这下终于可以睡个好觉了。他又躺下来美美地睡了一觉，睡梦正酣就被门外激烈的敲门声给惊醒了，看看窗外夜色还未褪尽，然后就听到警局值班的警探大声喊道：

“阿尔伯特探长，快起床吧。昨晚西郊的一处农房被雷电击中了，还死了人！”

听说雷电击中了民房，还劈死了人，阿尔伯特赶紧起身赶赴现场。不少村民围着一幢木板房七嘴八舌地议论着。房子的屋顶被掀开，房顶的茅草、屋内的房梁都在四周散落着。屋内有一个被炸开的土坑，土皮早已炸飞，炸出来的土屑被打湿成泥浆。一具男人的尸体被炸得面目全非，一个女人守在尸体旁呜呜咽咽地哭个不停。阿尔伯特走进残破的屋内仔细探查了一番，又在房子四周看了看，就让手下做好记录，然后安慰了一番妇人，让村民帮忙安葬死者。村民们都以为这一场事故就这么结束了，都在为这个妇人惋惜，丈夫不在了，好好的一个家没了，这以后的日子还不知道怎么过呢！看在同住一村的情分上，大家一起帮助她重新修好了房子，先让她有个落脚的地方。就在房子刚刚修好的时候，警局却来人把她带走了。两天后就有警探过来在房子上贴了封条，说这个妇女与人合谋炸死了自己的丈夫，再也回不来了。

原来，当天阿尔伯特探长一回到警局就开始让人调查全城所有的火药铺，寻找近期购买大量火药的人。得知有一个人一次购买了四十多斤的炸药，他们就根据店家提供的线索找到了这个购买炸药的人，问他买那么多炸药做什么，他说是买来用火枪打鸟的。阿尔伯特查看了他购买火药的时间，到现在一共也不过十天。这中间还大多是阴雨天气，真正适合出去打鸟的时间并不多，无论如何也不会用掉四十多斤的火药。在阿尔伯特的一再追问下，这个人实在无法圆谎，只好承认他跟西郊雷雨夜死者的妻子私通，看着她的丈夫碍眼，就想找机会除掉他。刚好这个人有制造火药的手艺，近来这里又多是雷雨天气，于是就想办法把这些炸药埋在了女子的家中，让她在雷雨大作的时候找机会引爆炸药，制造一个丈夫被雷电击中送命的假象。这样既可以除掉眼中钉，又不会引起别人的怀疑。等风头过了之后，他再与她结婚，就谁都管不着了。可惜命案刚刚发生几天就被阿尔伯特给侦破了，两个人也只好乖乖认罪。那么，阿尔伯特是根据什么认定这是一起人为的爆炸案而不是雷击造成的呢？

头脑机关匣

破案的关键线索就隐藏在雷击案的现场：看看场景构筑当中对现场的描述，再了解一下雷击的具体特征，真相其实并不是那么难以发现。这里的关键，是要看你观察得够不够细致了。

解密复盘

对雷击这种自然现象稍有了解的人就会知道，被雷电击中的物体由于短时间内有强大的电流通过而变黑碳化，但是不会出现从下往上把地表的土层和土屑炸飞的情况。如果出现了这种情况，就只能有一种合理的解释：这根本就是一个伪造的雷击现场。真正导致这种情况出现的就是埋在地下的炸药，场景构筑当中所描述的现场细节正好就是这种情况。所以，一向博学的阿尔伯特据此认定，这根本就是一场假的雷击事故，背后藏着不可告人的秘密。

苍蝇到底说了什么

场景构筑

伊万今年六十多岁了，身体已不像年轻时那么敏捷了。按说他这个年龄早就该退休了，可是由于他极其丰富的办案经验和超强的侦破能力，警局一直舍不得放他离开。一直到两个月前他才离开工作岗位回家养老。但是警局里那些年轻人还是会经常往他这里跑，不是说警察局不忙，而是有些棘手的案子需要他来指点迷津。

这天上午，伊万吃过早餐后跟妻子一起收拾楼前的小花园。正在忙活的他突然听见一阵急促的脚步声，当了一辈子刑警的伊万从脚步声中就能判断出来者正是自己培养出来的接班人杰恩，这个体态壮硕的中年人脚步声很是沉重，离着大老远就听出来了。这让伊万心中有些不快，告诫过他多少次了，作为一名刑警走路一定要轻。这要是在抓捕的现场，这么重的脚步声早就把嫌疑人惊跑了。伊万心想：他这次来肯定是又遇上不好解决的案子了。伊万一边琢磨着，一边放下了手中的活儿走过去开门，门一打开就见站在门外的杰恩正举着手准备摁门铃呢。

门铃还没按门就打开了，这让站在门外的杰恩感到有些窘迫。他知道肯定是自己着急当中忘了放轻脚步，人还没到脚步声就先传过来了。伊万选择在他还没摁响门铃的时候开门就是一种暗示。

“这老头总是那么不露声色地给人难堪。”

杰恩一边在心里嘀咕着，一边露出一个有些尴尬的笑容。伊万却没有理会，只是轻声说：

“去那边坐吧，跟我说说具体情况。”

也许是多年刑警养成的习惯，伊万说话总是喜欢开门见山。院子里搭了个小棚子，底下放着简单的桌椅。原来，最近接连出现了好几起外来的商人被杀案。那些被杀的都是刚刚到这里或者只是路过的商人。他们的尸体被扔在荒野之中，随身的财物被洗劫一空。这件事情对当地的影响非常大，那些外地来的商人人人自危。如果不能及时破案的话，他们随时都会有关铺走人的可能。

经过调查，杰恩锁定了一个附近的村子。这个村子坐落在通往这里的要道上，商人们不管是进城还是出城都得路过这里。可是线索到这里就断了，他们对村子进行了几次搜查也没发现什么有用的线索。眼看着上级给的破案期限就要到了，无奈之下，杰恩只好到这位老领导这里来寻求帮助。

“凡是作案必定会留下线索，几次搜查都没有结果，不是经验不够，就是细心不够。这样吧，今天是个大晴天，我跟你们再去一趟。”

听完杰恩的讲述，伊万抬头看了看天，一边说着一边起身进屋去准备。

一直到午后两三点钟，杰恩和伊万才来到他们所说的那个村子。伊万带着杰恩在村子里慢悠悠地走着，走过一家院门半开的人家后，伊万轻声跟杰恩说：

“这家你过来搜查过吗？”

“搜查过，没发现什么异常。”

“之前几次来的时候他们在干什么？”

“好像是在洗床单被罩之类的东西。”杰恩回忆了一下说道，“这也没什么不对的地方呀。”

“事情本身没什么不对，但是你仔细看看就会发现这家人在洗被子的时候，被罩、棉胎是连着一起洗的，而且周围还飞舞着不少的苍蝇。这家人肯定有问题。”

杰恩就按照伊万所说，对这家人展开了集中侦查，不久果然找出了真凶。你明白为什么伊万一下子就认定是这家人有问题吗？

头脑机关匣

对一个好的侦探而言，一双明察秋毫的眼睛是少不了的。这双眼睛总是能够帮自己发现别人发现不了的细节，而这些细节当中，往往就隐藏着非常有价值的线索。这起案子当中最有价值的线索，就藏在这家人所洗的床单和被罩当中。

解密复盘

一般刚刚清洗过的床单被罩之类的东西，都透着一股清爽的气息，所以在晾晒的时候是不容易招来苍蝇的。但是老刑警伊万却发现这家人晾晒在院中的刚刚清洗过的东西周围竟然围着一群苍蝇。那就只能有一个解释，这些东西上面残留着人们不易察觉的气息。比如溅上大量血迹之后的血腥气，经过清洗，这股血腥味会变得很淡，人类几乎发觉不了。但是对这些气息非常敏感也非常喜欢的苍蝇却很容易发觉，所以才会一直围在这些东西周围。他从这些飞舞的苍蝇身上找到了破案的关键线索，从而为杰恩找到了正确的侦破方向。

馒头店老板做假证

场景构筑

清朝中丞郑廷桢曾任西安知府。这期间，在汉中的兵营出现过一起凶杀案，一个士兵嘴唇发青地死在了兵营外的街市上。

死的这名士兵叫张庆，对于他的死，同在一个兵营的郑魁嫌疑最大。因为他们两个平时关系就很不好。整个兵营里只有郑魁离家比较近，休息时总是能回家看望老婆孩子，这就引起了伙伴张庆的嫉妒。张庆这个人没有口德，总是爱讥讽别人。甚至兵营里出现小东西丢失时，张庆总是言语之间把矛头指向郑魁，言外之意就是郑魁离家近，有嫌疑。郑魁知道张庆背后说的话后很是生气，甚至有次为此大动干戈。二人算是结了仇。

都在一个兵营，就是不和睦也要在一起生活、训练。这天，几个伙伴休息外出，正好在街上碰到从家中出来的郑魁，郑魁手中还提了一些吃的。哥儿几个正好好久没喝酒了，就拉上郑魁一起在街边的酒馆里喝酒。几个人在酒桌上推杯换盏很是开心，虽然郑魁和张庆不和，但是都不想在人多的时候破坏气氛。张庆因为这几天身体不太舒服，提不起来兴致，简单吃点东西后，一个人拉把椅子靠窗而坐，眼睛盯着窗外人来人往的街道。大家继续饮酒，突然张庆倒在地上，他浑身抽搐几下，然后就气绝身亡了。好好的人一下子死了，件作检查后说是中毒而亡。

然后官府传当天喝酒的几个人，大家都记不清楚当时的情况了。调查张庆平时为人的时候，周围人都说郑魁上月私下和张庆动了手，双方差点拿刀子。官府认定是郑魁谋杀了张庆。据官府调查，街边卖馒头的店主说，当天郑魁买了几个馒头。邻居大嫂证明，听见郑魁和媳妇在院子里谈话时，郑魁说一定要弄死张庆。张庆死于砒霜投毒。官府就调查郑魁有没有买过砒霜，结果有家药铺老板证明郑魁前几天在他店里买了砒霜，当时他说自己家里鼠患严重，想买砒霜药老鼠。

当这些证据都指向郑魁时，郑魁怎么解释也没有用。他被官府抓进大牢，严刑拷打下，签字画押承认了当时大家喝酒时用带毒的馒头毒死了张庆。

结了案的案宗放在了西安知府邓廷桢的桌子上，邓廷桢仔细查看了案宗，觉得案子有疑点。案发前几天张庆就出现了身体发热的状况，那就是说在吃馒头以前张庆的身体不适已经初见苗头。郑魁常年在军中，这些律法还是很清楚的，杀人偿命的道理他不会不懂。为了一些小事杀人，这不是正常人的思维。他觉得案子需要重审，最后果然查明郑魁就是被冤枉的。原来张庆在一个月前一次外出巡逻时，夜晚被一条疯狗咬伤。当时处理伤口时也没感觉怎样，直到死亡的前几天，才发现自己总是低烧。那个年代还没有先进的医学来检验，所以件作就下了砒霜中毒而死的结论，从而引发了这起冤案。但是，邓廷桢是怎样帮郑魁洗脱罪名的呢？

头脑机关匣

邓廷桢从作案动机不足为切入点来重新考虑这起毒杀案，但是真正的突破点却是在几个证人的证言上。想象一起为这个案子做证的几个证人：药铺的老板、馒头店的老板和邻居的大嫂。回顾一下他们的证言，哪个最容易出现漏洞？这才是破解这个谜题的关键所在。

解密复盘

邓廷桢觉得郑魁杀人的动机有点牵强。他找到了当时指证郑魁买馒头的店主，问店里的生意怎样。店主说："每天做二三百个，基本都能卖完。"

邓廷桢问道："一个人平均买几个？"店主回答："一般三四个。"邓廷桢接着询问："那么，你每天同将近一百个人打交道，这么多人，你能清楚地记得所有买你馒头的人的模样吗？"店主回答道："每天那么忙、那么多人，怎么会记得过来？""那你独独记得郑魁的相貌，这是为什么呢？案宗上写你清楚地记得是郑魁在某天某时买你几个馒头。"

卖馒头的店主见邓廷桢盘问得仔细，于是就说："其实指证郑魁不是我的本意，我在家好好的，衙门里的衙役来家说，出现了命案。行凶者已经认罪了，现在缺少一个物证，让我指证郑魁在我这里买了馒头。"

邓廷桢听到这里就明白了，原来是官府草菅人命想早点儿结案，竟然找人做了假证。邓廷桢找到郑魁邻居大嫂时，大嫂说的和卖馒头的人一样，都是假证人。只有药店老板说的是真的，郑魁的妻子说，当初买砒霜的确是为了除鼠患，不想自己的丈夫买了砒霜后就被官府抓走，屈打成招成了杀人犯。

饷银变成了石头

场景构筑

张春晖是一名负责前往省城运送粮饷的下级军官，在这条路上已经运粮饷数十年了，从来没有出过差错。如今年岁也大了，这是他的最后一次押运，走完这一趟他就回家养老了。可是事情永远在不应该出错的地方出错。想着马上就要解甲归田了，张春晖一路上都在憧憬着自己返家后的生活，难免会有心神飘忽的时候，晚上住店时也忍不住多喝了几杯。

等来到省城交差的时候，负责接收的人打开装着饷银的木箱，却发现其中一个箱子里的银子被换成了石头。发现情况不对的接收人员当即就把所有的押送人员给控制起来交给了官府。张春晖一时也是吓得不知道该怎么办了。想不到自己小心谨慎一辈子，却在这最后一趟押运上出现了意外，他又着急又悔恨，却又无处辩解。好在张春晖的勤奋谨慎在军中口碑很好，省府的官员也不太相信是他监守自盗，但是失察的罪过却是躲不过的。这个官员也是有心替他开脱，就限期让他追回丢失的饷银，并找了当时刚好在省城的楚雄县知县彭永思来帮忙。这个彭永思是当时有名的破案高手，他来到被换成石头的饷银箱子前，把里面装的石头一块块拿出来翻来覆去地看了半天，又在手里仔细掂量一番。再拿过旁边箱子里的饷银比对了一下，发现这些石头应该是来自同一个地方的，石头上密密麻麻的全是虫窝，拿在手里比普通的石头要轻一些，跟同样大小的银子相比也轻不少。

一番观察对比之后，彭永思又问旁边的张春晖和押运的士兵：

“路上有没有发现箱子有倾斜的情况？”

一个士兵回答：

“确实有过，经常走着走着就要去扶一下。我们当时还挺纳闷的，怎么别的箱子都没有，偏偏是这口箱子刚扶正，一会儿就又歪了。”

得到士兵的回答，彭永思又接着问：

“那是一开始就这样，还是中间什么时候才开始出现这种情况的？”

负责看守这个箱子的士兵回忆了一下回答：

“我记得走前一段路时并没有什么异常，是从一天早上开始出现不断倾斜的情况的。头天晚上我们在一个店里住了一夜，第二天上路的时候就这样了。”

“嗯，我明白了。带上两口箱子、一匹马，我们沿着来时的路往回再走一遍，肯定能够找回丢失的饷银。”

随后彭永思就带着张春晖和几个士兵，用一匹马驮着两口箱子开始往回走，并从箱子里拿了一块石头带在身上。后来果然在路上就破了案子，找回了丢失的饷银。你能想到彭永思是根据什么破案的吗？他为什么还要随身携带一块石头呢？

头脑机关匣

真正的案发地点需要两个关键的因素来锁定：一个是案发的时间，一个是特征吻合的石头。特征吻合的石头，只要随身携带一两块装在饷银箱子里的石头沿途对比即可。而案发的时间怎么锁定，只需要想一想，同样大小的箱子里装上不同比重的两种物体会发生什么样的变化，就能知道了。

解密复盘

彭永思在反复掂量了石头的重量之后发现，这些布满虫窝的石头比同样大小的饷银分量要轻很多，就马上想到了，箱子里的饷银被换成这种石头之后必然会变轻不少。这样一来就比放在同一匹马上的另外一箱饷银轻很多，放在马背上之后必然会发生两边的饷银箱子不停倾斜的现象。所以他在第一时间就询问押解的军士，饷银箱子是什么时候开始倾斜的。这个时间所在的地方很有可能就是案发的地点。但是彭永思是个极其谨慎的人，知道单凭这一点还不能完全确定。他又发现这些石头上满是虫窝，不是平常路边的石头，肯定是某个院子里的石头，所以在往回走的时候还特意带上了一块石头，沿途不断地对比，最后在箱子开始发生倾斜时所住的那家店的后院里发现了跟饷银箱子里的石头特征相吻合的石头。这样一来，对这家店里的人加以询问，找到了偷换饷银的歹人。

为自己做证的铜板

场景构筑

春末的集市上人来人往，非常热闹。大街上的店铺有卖布料的，有卖大米白面的，还有卖茶叶的，甚至街边的油条铺子都是满座。卖肉的李老板也是乐得嘴巴都合不拢了，自己铺子里昨天新宰的两头猪，一上午就卖完了。他望着柜台筐子里满满的铜钱，心里很高兴。他突然想起前几天买的茶叶是赊的账。当时卖茶叶的老板不在店里，老板娘不清楚新品的价格，就说先拿走，有空了再给。现在趁他们两口子都在，不如赶紧还了。刚才媳妇看见肉卖完了，就赶紧出门买布料去了，担心一会儿卖布的贩子都撤摊走了。这会儿就李老板一人在肉铺子里。

时间就那么巧，李老板刚离开铺子走进对面的茶叶店，肉铺里就进了人，一个瘸子老者走进了店铺。瘸子老者想买猪肉，在门口喊了两声，没见有人过来应承，正好看见柜台筐子满满的铜钱，便快走了几步，抓了一把铜钱转身就要溜走。他刚走到大门口，正好被进门的李老板看到。他看到瘸子老者边走边往口袋里装钱，再抬头看自己的筐子，觉得被动了一点位置，肯定是这瘸子老者偷了筐子里的钱。他伸手抓住瘸子老者，然后说：

“你这个瘸子老头，竟然敢偷我的钱。”

瘸子老者一看被老板当场抓住，心中一惊，但是不想承认。他当时就躺在地上，大声嚷嚷：

“大家都来看呀，有人抢我钱了！”

集市此时临近中午，人都快散完了，剩下的人听到有人叫嚷就围过来看热闹。瘸子老者继续叫嚷：

“大家都来评评理，店老板欺负我这个瘸子老头，要抢我手里的钱，没有天理呀！”

李老板被瘸子老者反咬一口，气得满面通红，他也嚷嚷：

“你这个无赖，偷了我筐子里的铜板，还不承认，说我抢你钱，我是买卖人，不是小偷！”

围观的人也议论纷纷，大家怎么说的都有。有人说：

“这老头又老又瘸，怎么这么大胆去偷肉铺老板的钱，不想活了？肯定是被冤枉的。”

有人说：“店老板怎么会为一把铜板这么丢人？一定是瘸老头真偷钱

了。”

大家也分辨不出到底是怎么回事儿，就听有人说：

“我刚才在街边看见总督大人赵廷臣了，轿子没走多远，你们赶紧拦他的轿子，赵大人可是断案如神呀！”

正如大家所称赞的那样，赵廷臣听完二人的讲述，就说当时虽然没有人证，但是铜板能自己做证呀，不一会儿就辨明了是瘸子老者偷了店铺老板的铜板。瘸子老者看见事实在那里，无法抵赖，就承认自己偷了钱。大家对英明的赵廷臣赞叹不已。

头脑机关匣

破解这个谜题需要一定的联想思维，把两个关键性的事物——屠夫的职业，铜钱——结合在一起展开联想，形成一个推理链条，真相就会自动出现在眼前了。

解密复盘

肉铺李老板的手一直在割肉、卖肉，手上沾满了油脂，他伸手接过的每一个铜板上面或多或少都有油脂。赵廷臣命人取过一个干净的盆子，命人往里注水，然后让瘸子老者把手中的铜板扔到水盆里，水面顿时出现了油花。赵廷臣对瘸子老者说：“卖肉的铜钱沾满了油脂，说明就是你偷了钱。你布口袋里的钱怎么会有油呢？还不赶紧认罪。”瘸子老者眼见不能抵赖，只好乖乖地认了罪。

会穿越的笔迹

场景构筑

清朝的李文在是江南江宁人，在乾隆二十三年曾经代理过苍梧县县令。他处理政务才思敏捷，办案很有谋略。有天他正在堂上办公，从外面进来一个男子。这名男子衣着朴素。他说自己住在西门外枥木桥，名字叫作余阿吕，早年家产丰厚，现在没落了，家里的仆人竟然把自己打得伤痕累累。他卷起衣服让李文在看，确实是有被打的痕迹。被告名字叫作邱以诚。余阿吕说，邱以诚家中贫寒，在康熙五十九年卖给自己的父亲余启雰做奴仆。父亲在乾隆二年去世后，家中贫寒，没有钱养这个仆人了，就让他出外谋生。没承想邱以诚运气好，经商后现在家中富裕。而自己一直到现在还是贫困潦倒，他实在没有办法了，就拿起卖身契去找邱以诚，希望对方赎回卖身契，也好拿赎金维持生计。但是任凭余阿吕怎样讲，邱以诚就是不承认卖身余家。两人争吵中还动了手，邱以诚把他痛打了一顿。说完这些，余阿吕还从身上拿出邱以诚的卖身契让李文在仔细查看。

李文在命人把邱以诚带到大堂。邱以诚说自己家是开米店的，今年四十八岁，和余阿吕家住得不远。余阿吕家境贫困，从米店借了不少米，差不多有十几贯钱了。前几天他又来赊米，就没给他，结果他张嘴就骂自己吝啬，仗势欺人。邱以诚很是生气，自己是小本买卖，总是赊账也周转不过来，最后实在气不过就把余阿吕打了一顿。他把自己的账本拿给李文在看，李文在说："你曾经卖身吕家吗？"邱以诚说那是余阿吕编造诬告的，自己小时候家境不好，但从没做过家奴。

因为余阿吕曾经拿出过卖身契给李文在看，卖身契上的字，余阿吕说是邱以诚亲笔所写，于是李文在就让米店老板邱以诚写了一段卖身契上的文字。写完后拿过来一对比，连邱以诚自己都愣住了：字体的相似度很高。但是即使如此，邱以诚也不承认，说自己从来没有写过卖身契。哪怕李文在动了刑具，邱以诚疼得呼天喊地也绝口不认，李文在只得暂时把邱以诚收监。

李文在退堂后和僚属一起研究这个案子，李文在说：

"现在的重点是卖身契的真假。按说以现在邱以诚的家产，没必要为赎身的一些钱受了大刑还不肯承认。看来必定有冤情。"

僚属钟灵泉也拿过卖身契仔细查看。几个人在仔细研究后发现，邱以诚就是被冤枉的，便传唤了余阿吕。说出了断案依据后，余阿吕见自己的阴谋被拆穿，只好承认了自己诬告的事实。原来邱以诚不但不继续赊账，还打得自己浑身是伤，于是余阿吕就找到了一个和邱以诚结怨的人，这个人名叫朱阿良。朱阿良善于写字，对临摹别人的字很在行，他让余阿吕找到一些邱以诚的字迹，然后二人商议写下了假造的卖身契。最后李文在就宣布邱以诚无罪释放，并帮他追回了余阿吕欠他的钱。

头脑机关匣

这个谜题的关键线索，就在余阿吕出示的这份据说是邱以诚亲笔写的卖身契上。虽然对照笔迹的结果显示相似度很高，但是这恰恰就是最大的漏洞。笔迹相识度越高，作假的可能性就越大。不过，想到这一点需要掌握丰富的历史知识。算一下，从康熙五十九年到乾隆二十三年这中间经过了多少年？再想想，如果此事为真，邱以诚现在的年纪和写卖身契的年龄，答案就在眼前了。另外这当中还涉及一些个别文字的写法改变。这个漏洞就只有熟悉历史的人才能发现了。

解密复盘

几个僚属说，卖身契上写明，康熙五十九年邱以诚卖身到余家，这么推算的话，邱以诚是在十岁的时候写的卖身契。一个十岁的家中贫寒的孩童，怎么可能会写端正的楷书呢？这是疑点一。疑点二，写下卖身契的时间是康熙五十九年，当年的“邱”是“土丘”的“丘”。现在是乾隆年间，乾隆的父亲雍正在位时，提倡尊儒，为了避讳圣人孔丘的“丘”，后来的丘都是带耳朵旁的“邱”。现在这个卖身契的“邱”，就证明了是乾隆年间所写，也就证明了这份卖身契是假造的。

叫门声里的玄机

场景构筑

县令接到一个女人的报案，说是自己的丈夫在准备外出做生意时失踪了。三天了，生不见人，死不见尸，随身携带的财物也一起不见了踪影。这位县令初步判定这是一起劫财杀人案，但是查了一个多月也没能查出个眉目来，只好把这起案子上报。案件是这样的：

这位女子的丈夫姓张，是一个生意人，经常去外地经商。他有个交往了十多年的林姓好友住在邻村。他们两个经常一起结伴外出。这次去外地经商也是他们两个约好了要一起去的。两个人还提前包好了一艘船，准备一起坐船到南京去。到了约好的那天，丈夫收拾停当，天不亮就早早地出了门。可是等到天大亮的时候这位女子却听见有人在门外高喊："张家娘子，天色不早了，该动身了。怎么不见张相公出来呢？林相公都等不及了。"原来是船老大来催了。见有人来催，这位女子心里也是纳闷，说自己的丈夫已经出去大半天了。可是船老大却说自己一直等在渡口，未见张相公的人影。林相公来后在船上等了许久也不见张相公前来，就让他过来催一下。于是大家就开始四处寻找，但是她丈夫就像是人间蒸发了一样，从此就没有了音信。无奈之下，她只好到衙门来报案。

同行的林姓好友说，准备出发的那天他因为家里临时有事就耽搁了一些时间，以为自己的朋友早就到了，谁知道到船上一问，才知道朋友也还没到，他只当是朋友也是临时有事耽搁了，就先上船等着了，可是左等右等，天色大亮了，却依然不见朋友前来。他怕再等下去会耽误行程，就让船老大去张家问一下。谁知道船老大回来说自己的朋友早就出门了，却没有到渡口来。由于他们外出经商，身边带有不少的钱财，也是担心出什么意外，他们叫上亲戚朋友一起寻找，直到如今三天了都找不到他的下落。

这个案件报到了大理寺，大理寺的评事看过案卷之后便跟这位县令说先将船老大缉拿到案，这宗失踪案就着落在他的身上。后来经过严加审讯，船老大终于承认是他贪图钱财，杀害了这名女子的丈夫。原来，当天张姓男子一大早就来到了渡口。他知道来得太早了，自己的朋友一时半会儿还来不了，就让船老大先划船带他欣赏一下周边的景致。船划到无人之处，船老大见四周无人，他又随身携带着大量的钱财，在贪念之下，将对方杀死后绑上石头沉入江底，把张相公随身携带的财物藏了起来。那么，大理寺的这位评事只是看了一下案卷，凭什么就断定船老大有问题呢？

头脑机关匣

侦探推理就要做到心细如发，任何一个微小的细节都不能放过。这位大理寺的评事之所以仅凭案卷就断定船老大有问题，靠的就是这一点。而这个细微而又重要的线索，就隐藏在这位女子的叙述当中。仔细回顾一下这位女子的叙述，看看能不能有什么新的发现。

解密复盘

揭开真相的关键线索，其实只是一句话。这位大理寺的评事就是因为抓住了这至关重要的一句话，才帮助县令破了这宗悬案。这就是船老大在张家门前的时候开口说的第一句话：“张家娘子，天色不早了，该动身了。怎么不见张相公出来呢？林相公都等不及了。”如果不是提前已知张姓男子不在家中，又怎么会开口先叫“张家娘子”呢？就算他不是凶手，最起码也是一个知情人。总之，他是脱不了干系的。所以这位大理寺的评事，才让县令先将船老大缉拿到案，从他身上找到突破口。

穿皮鞋的小偷

场景构筑

在一个临江的小镇子里，一对亲兄弟比邻而居，哥哥家庭富裕，弟弟家也过得和和美美。唯一不足的是兄弟俩膝下没有儿子，哥哥家的女儿早年出嫁到国外去了，一年还回不来一次。

弟弟家的女儿到了结婚的年纪，就找了一个孤儿鲍勃当作养老女婿。哥哥对这个侄女婿鲍勃也不错，心想自己的女儿远嫁国外，侄女婿鲍勃离得近，有事的时候也能帮上忙。这个侄女婿鲍勃也非常懂事，经常照顾两家老人。哥哥弟弟两家相处也很融洽。

人算不如天算，哥哥在一次外出谈生意时，出了车祸，当场死亡。鲍勃忙里忙外地总算把大伯的葬礼办完了。但是有一天伯母家突然遭了贼，伯母一个人在家听见有动静也不敢出声，瑟瑟发抖地躲在了被窝里。等盗贼走后，伯母一个人在被窝里思量。她总是疑心鲍勃对自己家有企图，那么多年哥哥弟弟都关系一般，可是鲍勃来了后，总是喜欢往自己家跑，言语之中总会说大家都是一家人。丈夫在世时虽然说过要和鲍勃搞好关系，但是现在情况不同，丈夫死了，自己没有了靠山，将来肯定被欺负，想到这里，她就策划了一个阴谋。

天刚亮时，她偷偷地跑到邻居家，说自己家中被盗。她买通邻居，让邻居帮忙做假证，证明看到侄女婿鲍勃爬到家里屋顶翻窗进入二楼，入室盗窃。邻居收了好处就答应做证。然后她跑到警局去报案，警长带警员到现场勘查，这个女人告诉警长：

“昨天晚上，我一个人在家里，听见有动静也不敢起床察看。我隔着门听见盗贼穿着皮鞋在屋里走路，听脚步声，我就知道是鲍勃，他经常来我家，我对他的脚步声太熟悉了。”

警长询问邻居，邻居按照之前约定的说法，说当天晚上自己家的猫咪快生产了，所以一晚上没敢睡。半夜时分，自己被一声异响惊动后到窗户边往外看，由于当夜月色明亮，他看到鲍勃爬过屋顶翻窗进入失主的屋子。由于当时觉得他们是一家人，所以也没有出门叫嚷，结果早晨才知道原来他是来偷东西的，他愿意做证。

警长把两个人的证词都写在本子上，仔细地查看，突然他笑了，对着这个伯母说："我不管你家里有什么矛盾，但是你说的事情根本不可能发生，鲍勃不是小偷。"

头脑机关匣

一般说到家中失窃的时候，我们第一个想到的就是翻墙破窗而入。这几乎已经成了一种思维定式，但是要破解这个谜题就需要打破这种思维的定式。跳出这种思维定式需要考虑到作案者的身份。另外一个就是想象如果真的是从屋顶上进入的话，他会选择一种什么样的穿戴，这样一来就不难发现受害者和证人陈述当中的漏洞了。

解密复盘

警长仔细看了他们的笔录，告诉鲍勃的伯母："鲍勃是你的侄女婿，他还用爬你家屋顶盗窃吗？他如果想盗窃，从正门进去就可以了。再者，现在是夏天，没有人在不是上班的时候，半夜偷东西还穿皮鞋。这个地方的人，平时下班后都穿休闲鞋或者布鞋。"伯母被警长戳穿谎言，无可奈何地承认了是自己想诬陷鲍勃的事实。

江边小船上的秘密

场景构筑

探长琼斯是个经验丰富的侦探，他有家私人探所，雇了两个助手。这个临水的城市里居住的人群成分非常复杂，经常会有偷盗的案件发生。这不，一早上就有生意了，一家商铺里面的货物被盗，老板说店铺里有不少打算进货的银币。琼斯听了货铺老板说的情况后，同助手一起到了案发现场。他查看现场后感叹，看来这次失主损失不小，盗贼真的太猖狂了，几乎把店里值钱的东西给搬光了。

琼斯查盗贼很有一手，他有自己的方式。今天他同往常一样，趁现在春暖花开的季节，午餐去码头旁边的餐厅里解决，一边赏花看水，一边吃午餐。

码头和往常一样很热闹，停泊有十几条小船。今天的风比平时要大，这些小船在水面上颠簸起伏。突然他发现了一条小船和别的船不一样。他顿时来了精神，叫上助手走到小船附近。船上没有人，看来船主应该是有事或者吃饭去了。船不是很大，船舱里空荡荡的。

他正在四下打量这条船的时候，船主回来了。他看到有人在船上，很不高兴，大声地叫二人赶紧下船上岸，说自己现在要开船。琼斯说："你走没关系，我搭下你的船，给你船资。"船主说："先生，您还是换条船吧，我的船不搭人。"

琼斯给助手递了个眼色，助手转身下船离去。琼斯继续和船主商谈：

"您看，您开船就是做生意，带上我，我多给你费用。再说我就是看您这船干净，不像别人的船，船舱里堆得到处都是东西，让人看着闹心。”

船主还是不同意琼斯在他船上。琼斯脸色顿时严肃起来：

“你这样一直都不肯妥协，是不是做贼心虚，船上有鬼，所以不让我在船上？我来查查船有没有夹层，说不定能找出赃物呢。”

船主听到琼斯的话当时脸色都变了。他恶狠狠地对琼斯说：

“我的忍耐是有限度的，你再不下船，我就把你扔到江里喂鱼。”

琼斯微微一笑说：

“你可别吓我。来来来，我打开舱底看看船底究竟藏了啥好东西，肯定有猫腻。”

一听说要打开舱底看夹层，船主当时举起一根棍子对着琼斯就要下手，这时突然听到岸上有人大声吆喝：

“住手，赶紧停船，警察办案！”原来是琼斯的助手跑到警局去寻求帮助。船主看到来了许多警察，只好乖乖地举起了手下了船。琼斯和警察打开舱底一看，果然有夹层，船舱里放了很多物品，包括满箱的银币。看来这船舱就是船主窝藏赃物的地方。助手带着疑问问在旁边微笑的琼斯：

“先生真是神探，您怎么知道这条船有问题？”

头脑机关匣

世间所有的事物都有趋同性。一样的大风大浪，船颠簸起伏的频率和高低却不同，这是为什么呢？如果不是船的构造有问题，就是船的重量有问题。所以探长决定上船一探究竟。现场勘查发现船舱空荡荡的，这个情况是怎么回事呢？出现这种问题的原因是什么呢？顺着这个线索追查，你就能发现这条船隐藏的秘密了。

解密复盘

琼斯微笑着说："码头这个地方，人员复杂。人多了，线索好追查。盗贼偷了很多物品，当然想以最快的速度转移赃物。我刚才吃饭的时候发现，今天的风不小，水面的船都在随波起伏，很奇怪这条小船在水面很稳。加上船的缆绳看起来受力也比较大，我就断定这条船肯定装有很重的物品。所以跳上船查看，发现船舱里没有多余的物品，我就怀疑船有夹层。和船主对话后更加确定他是做贼心虚。这些都是线索呀。"

一个都不少的凶杀现场

场景构筑

在一个小城镇里，车来人往，很是热闹。由于处于交通要塞上，虽然城镇不是很大，但是来往的客商特别多。强森是个卖酒具的商人，每天带着各种各样的酒具到处推销。由于生意比较难做，要想挣钱，只能平时节约一些。由于经常在这个城镇推销，强森找的这家旅馆他比较熟悉。这家旅店住店便宜，有单人间、双人间，还有大房间，就是一间房可以入住十几个人，费用才是单间的五分之一。

强森每次来都是住通铺，这样省钱，有个睡觉洗漱的地方就很满意了。强森今天一来，老板就直接安排他入住靠角的那间大通铺。这间房子窗户大，通风比别的房间好，不至于因为人太多气味熏人。他路过隔壁房间时，看到两个人在收拾东西，身边摆着不少的布匹，应该是做布匹生意的小商人。等到强森吃完饭的时候，看到有几个人抬着两口箱子进了房间。抬箱子的七八个人住在强森的隔壁，和布商住在同一个大房间里。

强森吃过晚饭早早就睡了。今晚他这个房间就入住了三个人，除了强森，另外两个都是六十来岁的老人。年轻人睡眠好，屋里的嘈杂声根本影响不了强森。睡到半夜时，强森上卫生间，这时他隐约听见隔壁有人在低声求饶：

“我把钱都给您，我什么都不要了，您留我一条命吧。”

强森顿时睡意全无，难道隔壁进了强盗？隔壁住了十来个人，贼也太胆大了。他屏住呼吸仔细听：

“他看见了我们，不能留活口。”

好像是另一个声音，然后就听见有声响。强森此时不敢声张，隔壁住了十来个人都吃了亏，自己此时不能大声喊。

强森捂住身边一个老头的嘴巴，然后把老头晃醒，小声告诉老头隔壁有盗贼，这个房间也不安全。他让老头假装起夜，趁机踢翻自己的酒具，二人装作大声争吵，互不相让。房间里的第三个入住者被惊醒了，他不知道啥情况，但是一看双方吵架，也赶紧劝架。强森骂老头不长眼，老头说你东西放的位置不好，被踢碎了活该。吵嚷声把店家和伙计都招来了，强森假装大声吵吵，然后偷偷告诉店家，隔壁可能出了人命。店家赶紧让伙计去警局报案。

天刚蒙蒙亮，隔壁的人就抬着两个箱子打算离开，这时店家故意询问：

“怎么这么早就走呀？现在外面的市场还没开始营业呢，卖布不用着急呀！”

就听见有人说：

“我们出去先占好位置。”

店主说：

“你们一起都走呀，人怎么少了两个？”

店主的话刚说完，就看见前面抬箱子的男人脸色都变了。这些人互相看了一眼，然后就听见有人说：

“昨晚房间入住十个人，现在也是十个人。都到齐了，哪里人就少了？”等这几个人走到院子里就发现被警察包围了。这些人看见警察顿时大惊失色，有人故作镇定地说：“我们做生意的起大早走有什么错吗？”警察问询店家到底怎么回事，店家也说不出哪里不对。当时站在警长旁边的强森悄悄地告诉了警长一句话，这些人顿时哑口无言，只好乖乖地束手就擒。

头脑机关匣

场景构筑中着重记录了强森隔壁入住了几个人，记录了之前入住的两个布商的情况。为什么后来入住的人会抬两口箱子进房间呢？如果说夜间真的隔壁有人被杀的话，那么第二天人数肯定对不上数。如果第二天人数对得上的话，也会有疑问，难道当晚强森听到的话不是强盗所说的？那么究竟是谁在半夜说要杀人？人被杀后为什么还能是十个人呢？顺着疑问就可以想象什么情况下会发生这种事情。想清楚了就知道哪里出了问题，这就是案子的关键。

解密复盘

强森告诉警长，自己夜间确实听见有人说饶命，还有动静。昨晚是十个人，今天出门还是十个人，好像没什么问题，但是他们抬的箱子好像比昨天重。警长命人打开箱子后，发现里面惨不忍睹，上层是布商的布匹，下层竟然是两个布商的尸体，估计当时布商的鲜血都流到了被子上，然后被子被垫在箱子底层。经过审问后得知，原来这些强盗提前打探到布商的行踪，所以昨天抬的箱子里面就有两个人，夜间杀了两个布商，加上箱子里的人出来，还是十个，所以骗过了店家。但是没有骗过聪明的强森。

到底是谁的镰刀

场景构筑

阿奇尔拥有一座规模很大的农庄，但是一来年事已高，二来自己辛苦了大半辈子也想要休息一下，就委托奥布里管理农庄的日常事务。最近正好赶上准备过冬的干草的季节，奥布里就带着农场的工人起早贪黑地干活。但是总有那么几个人干活非常不认真，总是想找机会偷懒。为了解决这个问题，奥布里就制定了一套规则。每天早晨奥布里给每个人都规定好了工作量，晚上收工的时候再来检查，根据每个人完成的情况进行奖惩。这样一来，大家的积极性果然提高了很多，工作的进度也明显加快了不少。但是有些人偷懒已经成了习惯，刚干了几天就觉得有些吃不消了。眼看着以前偷懒的方法行不通，就开始打别的主意了。

这几天在晚上检查的时候总有人跟奥布里抱怨，说自己收割的草会莫名其妙地变少。这让他们非常气愤，自己辛辛苦苦干活却便宜了别人。还说要是发现是谁在偷自己的草的话，一定不会轻饶了他。对这些抱怨，奥布里也没有过多地在意，只是想着有机会的时候一定要仔细调查一下。但是调查还没来得及进行，矛盾就爆发了。这天中午工人们刚吃完饭，奥布里准备让他们稍微休息一下再开始下午的工作，就有两个工人跑过来说，那边有两个工人在打架呢，两个人都受了伤。奥布里一听有人受伤了，就赶紧跑过去查看。

到了现场发现，两个人鼻青脸肿地站在那里，胳膊上都有被镰刀割出的伤口。一把镰刀被扔在了地上，上面带着血迹。询问之下，两个人都说是对方偷自己的草，也都说是对方先用镰刀攻击自己的。由于是休息的时间，大家这些天也累坏了，都想趁着这短暂的休息时间恢复一下体力，没有人注意到底是谁先攻击谁的，虽然大家都知道是谁平时爱偷懒，但是没有证据，谁也不好说什么。这种各说各话的场面让事情陷入了短暂的僵持当中。办法倒也不是没有，但是现在也没有多余的时间来做更多的调查。如果把精力用在这种事情上的话，错过了季节就不好办了。奥布里看着两个人，好一会儿才面色严肃地说："现在是什么时候？大家都忙得不可开交呢，你们却在这里闹事。都是在一起干活的人，谁多点少点的有什么关系，也值得你们动手？再说现在我哪有工夫来处理你们这些事？"

然后，他不经意地看了看掉在地上的镰刀，说：

"镰刀是用来干活的，不是用来打架的。赶紧回去干活吧，一会儿都去看看自己的伤。这件事以后再说。"

围着看热闹的人一开始还以为有好戏看了呢，却没想到奥布里就这么不咸不淡地解决了。大家都摇着头准备干活去了，却没想到下一刻奥布里就找到了事情的真相，并把那个偷别人草、用镰刀攻击别人的人赶出了农场。你能想到奥布里是怎么做到的吗？

头脑机关匣

人在面临危机的时候会调动起全身的注意力来控制自己的言行甚至是表情，生怕一不小心就透露出内心真实的想法。这时候要想让他们说出真话，或者是看出他们内心深处的秘密都是一件非常困难的事情。而破案高手却善于运用逆向思维，反其道而行之，往往会有意想不到的收获。带着这种意识，再想想场景构筑当中奥布里处理打架事件的细节，或许你就能参透这当中的深意了。

解密复盘

两个人各自都说自己有理，都说自己是出于自卫从对方的手里夺过镰刀的。在工作进度如此紧张的情况下，自己又不可能花费大量的时间和精力来调查这件事儿。奥布里一时也不知道怎么办才好。可是当他看到眼前这两个人站在那里一副紧张的表情时，心中就有了主意。于是就跟他们两个人说，现在工作这么紧张，哪有那么多的闲工夫来处理这样的事情，赶紧拿上东西干活去吧。那个偷同事草料还拿镰刀伤人的工人正在绞尽脑汁想着怎么为自己开脱呢，听奥布里这么一说顿时喜出望外，赶紧弯腰捡起自己的镰刀准备离开现场，刚走了几步就意识到了不对，可是已经晚了。所有现场围观的人都看出了事情的端倪，那个工人也就只好交代了事实，等候处理了。

小镇新来的富翁

场景构筑

一座风景秀美、气候宜人的小镇最近搬来一位富豪。小镇不大，镇上的人大多相识。由于小镇得天独厚的气候和环境优势，前来旅游度假的人不少，但是来这里定居的人并不是很多，尤其是这样的超级富豪，所以一时间富豪的到来成了小镇的一个新闻。这位富豪倒也很是热情，经常在家中举办派对，邀请镇上的许多人来自己的家里做客。没过多久，富豪就成了小镇上人缘最好的人。在他的家中摆放着不少的名贵古董和字画，到过他家的人印象最深的不是奢华，而是那种在古玩和字画装点下透露出来的雅致的格调。但是也不知道是不是他为人低调的原因，他总是有意无意地回避谈论这些艺术品。一旦有人想要谈论这个话题，他都会故意把话题引向别的地方。而且他在言谈举止中透露出来的气质跟家里的这些陈设也显得有些不怎么搭调。平时各种乡野的段子，他倒是信手拈来。但是这又有什么关系呢？大家反而都觉得他是一个很有趣的人，又热情又不会刻意地炫耀什么，因此更加愿意接近他。

滨崎警长也知道小镇上来了这么一位有趣的富豪，但是警局的工作太多，一直没有抽出时间前去拜会。有次在吃饭的时候又听到身边的人在议论这个新来的富豪，他就忍不住凑过去听。当听到他们说这位富豪出身于一个没落的贵族家庭，家里还摆满了各种名贵的艺术品的时候，他在想这还真是一个高雅的人，等不忙的时候一定要去拜会一下。因为他也是一个古玩和字画爱好者，对这类的收藏非常感兴趣。但是当他听到有人说起富豪的豪爽和“有趣”言谈的时候，眉头在不经意间皱了起来，他决定第二天就去见一见这位有趣的富豪。

第二天，滨崎警长约上一位收藏爱好者一起来到这位富豪的家里，特意跟他说就是想来看看他家的这些古玩和字画。既然对方一登门就说明了来意，这位富豪也不好直接拒绝，只好陪着他们一件件地参观。一圈下来，这位年过花甲的资深古玩收藏者也禁不住啧啧称奇，说这次可真的是开了眼界了，这些古玩竟然都是真品，而且件件价值不菲。他一边看一边忍不住连连赞叹。对于客人的赞叹，这位富豪也只是微笑着点头。至于谈到这些古玩的妙处和来历，他却只是支支吾吾的，言辞中多有躲闪之意，脸上也流露出窘迫的神态。看到主人的这种表现，滨崎警长也不想让对方难堪，就坐下来跟富豪聊一些乡野段子、趣闻逸事。这时富豪果然表现得兴趣盎然，各种段子逗得警长大笑不已，倒是身边这位爱收藏的朋友却开始不断地轻轻摇头了。

一番交谈之后，警长和富豪都显得非常尽兴。警长跟朋友再三感谢了主人盛情接待之后就告辞了。可是滨崎警长在回到警局以后就立即展开了对富豪身份的调查，最后发现他竟然是一个杀人越货的强盗。这些古玩和字画确实是来自一个没落的贵族子弟家中，但是这个富豪的身份是假的。那位真正的贵族子弟确实是准备带着这些东西来小镇定居的，却在路上被这个强盗给杀害了。强盗还冒充原主人的身份霸占了所有的东西。

警长是根据什么断定这个富豪的身份有问题的呢？

头脑机关匣

判断一个人的身份的关键，就是要仔细观察他的一言一行。身份可以假冒，证明也可以造假，但是一个人的谈吐是不可能在短时间内改变的。而破解这个谜题的关键线索就在这个没落贵族的言谈举止之间。

解密复盘

贵族是一种身份，更是一种生活方式。就算是一个没落的贵族，由于从小生长环境的熏陶，他的眼界和修养也不是一般人可比的。这个来小镇定居的富豪说自己来自一个没落的贵族家庭，他的家中也确实有不少字画和古玩珍品。但是所有这些外在的东西都掩盖不住他生活细节当中所透露出来的粗鄙气息。这一点是与他自称的身份极不相称的，警长正是通过跟他的交谈得出了结论。警长所谓的拜访不过是一次试探而已，他之所以带上一个真正的古玩专家一同前往，原因就在这里。

偷钱的贼

场景构筑

葛大帅早就想养一只巧嘴八哥闲来解闷了。当时八哥可也算是个稀罕物，一只品相好的八哥可不便宜。虽然葛大帅的家境还算过得去，但毕竟是庄户人家，没有那么多的闲钱。这不，葛大帅瞒着媳妇偷偷攒了一年的钱，才算是凑够了一只八哥的钱。兜里揣着钱的葛大帅心里美滋滋的，晴朗的夏日，也顾不得头顶上的大日头，心心念念就进了城。进城时正午已过，一直埋头赶路的葛大帅这时候才感觉嗓子眼都快冒烟了，火辣辣地难受，于是就在街边找了一个茶馆解解渴，顺便也能歇歇脚儿。反正已经进城了，也不着急这一时半刻的。坐在茶馆里的葛大帅一边美美地喝着茶水，一边闭着眼睛哼着小调。等到喝美了歇好了准备起身的时候，他一摸兜，瞬间脑门上就出了汗：不光是买八哥的钱没有了，就连眼前的这两碗茶水钱都付不出了。于是他站在那里大喊："是谁偷了我的钱？"然后赶紧招呼老板把门关上。这会儿茶馆里的人并不多，五六个人全部被他关在了里面。葛大帅把着门声称钱没找到之前谁都不能离开。老板无奈，只好让伙计去衙门报官。

片刻之后，两个衙役就跟着小伙计回来，把茶馆里的众人都带到了衙门。但是县太爷没有要审案的意思，只是让他们站立在堂下等着，便自顾自地忙着案上的公务。一直忙到日头有些偏西了，他才抬起头看了众人一眼，厌烦地挥挥手，说道：

"老爷我一天到晚忙得很，哪有时间处理这些鸡毛蒜皮的小事儿？赶紧走吧，明天再来。”

葛大帅还没来得及出声阻止呢，县太爷手一挥，这帮在堂上站了半天的人便一窝蜂似的朝门口走去。结果刚到门口，知县一声大吼，就见两个衙役架着一个人回到了大堂上。原来他就是偷了葛大帅钱的小偷。那么，知县到底喊了一声什么呢？

头脑机关匣

要想知道知县大人喊的是什么，我们不妨先从结果开始推断。这个结果就是让混在众人当中的小偷一瞬间就现了形。那么这句话肯定就只是跟小偷有关系的，但是之前县太爷并不知道他们当中哪个是小偷，无法准确叫出他的名字或讲出相貌特征。排除了这些，你能想到那个正确的答案吗？

解密复盘

县太爷知道，葛大帅并不能提供任何有价值的线索。在没有证人也没有证物的情况下，要从这么多人当中把小偷找出来，并不是一件容易的事情，所以就打算另辟蹊径。在他们来到县衙的时候，故意把他们晾在一边，不管不问。等耗尽了他们的耐心之后，就挥手让他们离开。紧张了半日的众人，一下子精神就处于松懈的状态了。这个小偷更是这样，这半天一直处于警觉状态，心中为自己准备了各种辩解的说辞，现在突然就让走了，马上就一门心思地往外走。县太爷就是趁小偷毫无提防的时候，大喝一声：“偷钱贼给我站住！”小偷听这一声大喝，下意识地就停住了脚步。而无辜的人则是四处张望，想看看谁才是偷钱的贼。等到小偷反应过来再想掩饰已经来不及了。

自愿赴死的瞎父亲

场景构筑

清朝时期，某县的县令胡公是天门人。他查案细心，办案果断，得到周围百姓的爱戴。

一天胡县令正在后堂休息，差役跑过来说，大堂上有个瞎子被一个老太搀扶着前来投案。瞎子跪在堂下说，自己和父亲起了冲突，盛怒之下用秤砣把父亲砸死了。事情发生后他也感到后悔，让老妻带自己前来投案自首，愿意以死谢罪。自己辖区出现了儿子打死父亲的事情，胡县令赶紧前往现场查看。

到了瞎子的家里，看见一群人跪在死者旁边哭泣。老人活了一辈子不容易，竟被儿子夺了性命。胡县令亲自检查死者的尸体，死者年龄应该有七十来岁，身上没有其他伤痕，就在后脑发现有三个整齐的伤痕。瞎子所说的凶器就在死者的身边，是一个比较大的带血的铁秤砣。县令拿起秤砣在手中掂量，没想到原本是称东西用的秤砣，现在居然成了凶器。死者的二儿子在旁边不停地垂泪，他告诉县令，父亲平时身体很好，性格虽然有些固执，但是没想到被兄长打死。一边死者是父亲，一边凶手是兄长，他真的不知道该怎么办才好了。

县令对瞎子家人说：

“杀人者偿命，即使是死者的儿子也应当伏法。”

瞎子听到这里说：

“犯下弥天大错，希望早日受罚。”

县令命人把瞎子带回县衙，然后告诉瞎子的家人：

“明天，犯人就要押送州府了，你们明天上午去送行一下。准备几件服刑穿的衣服，不用准备冬衣，估计就等秋后就要问斩了。明天走后，估计以后就不能见面了，只能等收尸了。”家人见此无比悲痛，瞎子听到这里反而平静了下来。

到了第二天，瞎子年轻的儿子来了。他跪在父亲的脚下，不停地磕头流泪。胡县令说：

“你们父子，有话就赶紧嘱咐，以后可就没有说话的机会了。”

瞎子用手摸了摸跪在面前的儿子的头说：

“你以后要好好做人，凡事不能鲁莽，你现在长大了要撑起这个家。我现在老了，眼睛瞎了也没啥用了，走了你也不要惦记。”

儿子嘴巴动了动，眼神愧疚地望着父亲，他说：

“儿子不孝，不忍心父亲受罪。”

瞎子说道：

“你还年轻，你不用担心我，你和你娘都要好好的。”

胡县令命人带走瞎子。瞎子的儿子跪在地上久久不肯站起来。胡县令看见瞎子被差役带得走远了，就走到瞎子儿子的面前说：

“你这个不孝子，你砸死了你的祖父，已是不孝。让你的瞎眼老父顶罪，更是没有人性。还不从实招来。”

年轻人听到这里顿时瘫坐在地上，他哭着对县令说：

“我没想让父亲顶罪，是父亲非要顶罪。”

原来是年轻人觉得爷爷总是偏袒叔叔一家人，自己和父亲一直不被重视。他质问爷爷时，爷爷非常生气，不但重重地责骂这个年轻人，还追着用拐杖打他。这个年轻人顺手拿起身边的秤砣，砸死了爷爷。瞎子一得知儿子砸死了父亲，无论怎么心痛父亲，他还是不希望自己的儿子受到刑罚的处置。于是他说服儿子，自己来官府认罪。

头脑机关匣

县令检查死者尸体的时候，心中就有疑惑。一个眼睛失明的人想要杀死一个行动正常、眼睛看得清楚的人，是件很不容易的事情。如果现在的凶手是代人受过，那么死者是自己的父亲，到底是什么原因让他在父亲被杀时也还要保护凶手？有什么能比自己的性命更重要呢？县令正是顺着这些线索做出推断，然后找出事实真相。

解密复盘

胡县令检查死者身上伤口的时候，发现死者是头部遭到重击而死亡的。身上没有其他伤痕，但是死者的伤口太整齐了。死者头部的三个伤口顺序基本都是平行的。一个瞎子，如果拿起秤砣往下砸，是不可能出现比较规矩的伤痕的。瞎子心甘情愿地认罪，肯定是想保护凶手，最有可能的就是保护自己的儿子。所以胡县令假装判处了瞎子的死罪，说是送到州府，其实就是为了最后再观察儿子和父亲的反应。最后诈出了儿子的实话，发现了真正的凶手。

叔叔家里的小金人

场景构筑

夏尔是个尽人皆知的赌徒，因为赌博的恶习，父亲给他留下来的一笔丰厚家产被他给输光了。原本恩爱有加的妻子也在彻底失望之后离开了他，剩下他孤零零的一个人，更是对生活不抱什么希望了。妻子离开以后，夏尔干脆就住在了赌场里。有钱的时候自己赌，没钱的时候就看别人赌。很快，他把仅剩的一点家底也败光了，身边的亲戚和朋友都借遍了，还欠下不少的赌债。这样一来，赌场里也待不下去了，他只好过着到处蹭吃蹭喝躲债的日子。

这天正当夏尔一个人饿着肚子徘徊在野外不知道该去哪里的时候，遇上了赌友雅克。同样作为一个赌徒，雅克的处境并不比夏尔好多少。雅克最近手气不佳，也是被债主追得到处躲藏，这才在荒野当中遇上了夏尔。两个同病相怜的赌徒遇到一起就开始琢磨怎么才能弄一笔赌本，好让自己有个翻身的机会，琢磨来琢磨去，终于想到一个主意。于是第二天两个人不知道去哪里又弄了点钱，然后一起来到赌场。夏尔把这些钱一把全押了，一点都不心疼的样子。这让赌场的那些熟客都感到非常意外，谁都知道这个赌鬼已经是山穷水尽了，怎么突然间就变得豪爽起来了呢？看到众人吃惊的样子，雅克故作神秘兮兮地跟他们说：

“别看夏尔昨天还很穷，谁知道这家伙哪里来的好运气，竟然在一个废弃的地窖里挖到了一个小金人。我找人看过了，绝对货真价实的好东西。这不过是他在小金人上敲下来的一个小手指肚，就卖了这么多钱。但是这个小金人太值钱了，没有几个人能买得起的。我正拜托我叔叔帮他找买家呢，现在小金人就放在我叔叔家。这些钱输光了他都不会在乎的，大不了再回去敲下一块就是了。”

果然，想在赌场上翻本的人都很少有梦想成真的时候，没多大一会儿，夏尔带来的钱就被别人给赢走了。这次夏尔却没有表现出气急败坏的样子，而是悠然地跟他们说：

“不要着急，我这就回去再敲下一块来跟你们赌，你们谁都不要走。”

然后两个人就一起去雅克叔叔家中去敲那个“小金人”了。还有几个好事的人也一起跟着过去，想要看一看这到底是个什么样的宝贝。

事实上，雅克的叔叔家还真有一个这样的“小金人”，但是这跟夏尔和雅克没有一丁点的关系。雅克的叔叔当然不肯把这个“小金人”拿出来给他们。但是夏尔一口咬定自己的小金人就放在他家里，肯定是他想要霸占才不承认的。雅克也在一旁做证昨天晚上是自己陪着夏尔一起来的，叔叔还说等把小金人卖掉得到了好处后会分给他一部分，还让他一定要跟夏尔在一起，别让夏尔再委托别人了。

两个人一唱一和，言辞凿凿，由不得众人不信，最后事情闹到了警局。接警的安其罗警官对夏尔和雅克二人的品性也非常了解，但是在众人面前该走的程序还是要走的。他就让人搜查了雅克叔叔的家，结果还真的就找到了他们所说的这个“小金人”。但是安其罗警官还是不敢贸然下结论，于是就想了一个办法让他们两个露出了破绽。这是个什么样的办法，你能想到吗？

头脑机关匣

对于自己从来没有见过的东西，即使再怎么努力也不可能把事情说得滴水不漏。更何况是两个人，就算是之前考虑得再怎么细致，也无法在所有的细节上统一口径。只要安其罗在这些细节上做文章，就不难看出他们的真假了。

解密复盘

安其罗在雅克的叔叔家找到他们所说的那个小金人之后，还是有些不太相信这两个赌棍所说的话，然后他把夏尔和雅克分别带到两个房间里，分别问他们："我们确实在他的家里搜到了一个小金人，但是不太确定是不是你们说的那个。现在请你告诉我，你们昨天敲掉的是这个小金人哪只手上的哪个手指肚儿？"一听这话，这两个赌棍瞬间就傻了眼。他们之前并没有讨论过这个细节，就只好硬着头皮瞎蒙。可想而知，这种情况下他们的答案保持一致的概率简直是太低了。无奈之下，最后，他们只好承认了自己借机敲诈的事实。

谁是那个撒谎的家伙

场景构筑

小镇上有个大集，每逢大集的时候附近的商贩都会赶来这里做生意。十里八村的人也都会在这一天到镇上的集市上来购买一些生活需要的物品。这一天正逢赶集的日子，卖布的王大力天还没亮就来到集市上摆好了摊位。今天天气不错，看样子生意也应该不错，所以今天一早出门的时候，他特意比平时多带了一半的布匹——就怕到时候集市还没散，自己的东西就卖光了，只能眼睁睁地看着别人挣钱了。就像他所预料的那样，由于今天的好天气，很多人都愿意出来走一走散散心。人一多生意自然也就好起来了，王大力一边卖力地招呼着来来往往的行人，一边暗暗佩服自己的先见之明。

天刚晌午，王大力就卖掉了一大半的货物，看着越来越少的存货，心里真是美滋滋的。可是天有不测风云，晌午头上就刮起了大风，天色也变得越来越暗。几阵大风刮过之后，那些赶集的人就给刮走了一大半。这下可把王大力给急坏了，自己的布匹还剩下小一半呢，这下可怎么是好。可是眼看着天越来越暗，就算是再不甘心也只好手忙脚乱地收拾东西，反正生意是做不成了，要是再被雨淋了那可就更糟糕了。可是由于王大力剩下的货物还不少，紧赶慢赶还是没能赶到家，刚走到半道儿雨点就落了下来。正在王大力手足无措的时候，迎面来了一个年轻人。一看王大力一个人费力地推着小车，也不知道去哪里躲雨，年轻人就跟王大力说他知道附近有个小棚子，可以带他到那里避避雨。说着，年轻人主动帮着他一起推车，最后总算是赶在雨下大之前找到了避雨的地方。小伙子很是热心肠，把车子推到棚子下以后还帮着王大力一起把所有的布匹都检查了一遍。等到雨停了以后，年轻人还帮着王大力一起把车子推到了大路上。正当王大力准备向对方表示感谢的时候，小伙子反而抢先对王大力说：

“谢谢你了大哥，要不是有你的帮忙，我这些布匹可就要被淋湿了。”

一听这话，王大力瞬间就蒙了，这话难道不是应该由自己来说吗？怎么就被别人给抢了？等他看到小伙子一本正经的神态才明白他不只是要抢自己的话，还想要抢自己的布呀。明白过来之后，王大力自然是不肯，于是就闹到官府。大堂之上，县官询问两个人布匹的数量和花色，两个人都回答得准确无误。这下县官也犯了难，两人对这车上的布都了解得很清楚，到底是谁在说谎呢？看到县官那么为难，旁边的师爷悄悄地跟他耳语了几句。县官照做，果然当即就查出了那个说谎的人，你知道这位师爷给县官出的是什么主意吗？

头脑机关匣

不管是从事哪种行业，时间久了都会有一些特殊的技能，并非刻意练习，而是来自成年累月的浸淫，也可以说是熟能生巧。这种技巧是外行人在短时间内所不能练就的，这就是破解这个谜题的关键所在。想想场景构筑当中所提到的王大力的职业，就不难想出用什么办法来找出那个说谎话的人了。

解密复盘

这位县官听完师爷的指点，对左右的衙役说："你们把车上的这些布都给我翻一遍，我就能找到真正的主人。"这些衙役一听就把这些布全部都给抖搂开了，乱糟糟地扔了一地。然后县官假装吃惊的样子对众人说："事情有些奇怪，证据竟然不在这些布里。"然后又对跪在地上的两个人说："算了，这些布乱糟糟地堆在堂上也不像话，你们赶紧给我收拾起来吧。"话音刚落，王大力就赶紧起身收拾弄乱的布匹，手法娴熟至极。那些散落在地上的布匹到了他的手里就像是有了生命一样，随着王大力手臂的抖动，轻舞几下就变得方方正正的。但是旁边的那个年轻人却手忙脚乱，显得非常狼狈。还没等把地上的布收拾完呢，他就再也绷不住，跪在地上认罪了。

被调包的项链

场景构筑

马可最近失恋了，整天把自己关在屋子里，喝得醉醺醺的。老板看他没有工作的劲头，就干脆把他辞了。他的死党大卫看到他心情不好就拉他去旅游，出去走走换换心情，说不定还能碰见什么艳遇或者商业机会。马可不好拒绝朋友的好意就一起出门了。外面的旖旎风光的确减轻了马可内心的苦闷，可是也给他带来了烦恼。夜晚去赏夜景时，大卫的钱包被人偷走了，两个人的钱都是大卫拿着的。马可看到大卫在不停地翻口袋，他反而不着急了，心想生活已经这样了，着急也没有用。但是没有了钱，明天怎么办呢？

大卫不停地责怪自己。马可说：

“不用着急，总会有办法的。”

二人回到了旅馆，马可对大卫说：

“天无绝人之路，还有办法，我有钱。”

大卫根本不信：

“别安慰我了，一路上我可是负责管钱的，你就负责吃，哪里来的钱？”

马可伸手把自己的项链取了下来，说：

“给你长长见识，这个项链是我祖父的祖父传下来的，说是当年皇室里面传出来的。家人告诉我，这是传家宝，现在拿去换点钱，等回家取钱后赎回来不就行了？”

大卫顿时来了精神，这个主意不错。他们去旅馆抵押了项链然后就回家了。

回家后，马可不敢耽误，第三天就和大卫一起去找旅店店主要回项链。店主看到二人回来，就拿出了项链。马可接过来一看，发现不是自己的那条，虽然看起来模样相似。他质问店主怎么回事，店主耸耸肩，说："你的朋友当时拿过来的就是这个。"马可转脸问大卫怎么回事，大卫当时就生气了："你到底怎么回事，难道还不相信我？"

马可觉得自己遭到了愚弄，就跑去警局报了案。

警察查理接了这个案子，他是个风趣的老头。他静静地坐在椅子上听完三人的申诉，不慌不忙地给三个人倒水、聊天，询问各种各样的问题。突然老查理看到了店主手指上戴的宝石戒指。他微笑地询问能拿过来看看吗，自己的徒弟最近总是念叨要给女友买宝石戒指，让他长长见识。旅店老板摘下戒指递给了老查理，老查理转身去找自己的徒弟去了，留下三个人大眼瞪小眼地在屋里等候。大卫说：

"这个老警察真让人着急，我们来这里办事，他却不当回事。如果不给解决清楚，我肯定投诉他。"

在他们耐心快要用完的时候，老查理回到了屋子里。他从口袋里拿出戒指还给了店主，然后对店主说：

"徒弟说您的戒指太漂亮了，很有特色。"

店主回答道："这个是我好不容易搞到的。"

老查理接着问：

"大卫当时抵押的项链您没有调包吗？"

旅店店主回答道：

"警官先生，我是开旅馆的。我好心帮助了这两个年轻人，结果还要被他们中伤。"

老查理微微一笑，说：

“真相就是真相。”

接着他从另一个口袋里拿出一个物品放在桌子上，马可赶紧上前仔细查看。他说：

“这就是我的项链呀。”

旅馆店主也看到了项链，他听到马可的话就知道自己被拆穿了，顿时低下了头，承认自己调包了大卫送过来的项链。他开旅馆，平时更喜欢收藏一些古董。他觉得年轻人肯定不懂古董，就在大卫抵押项链时趁机调了包。

头脑机关匣

这个案子确实让警察老查理头疼，当时抵押的时候，就是旅店老板和大卫两个人的交易。这两个人中有一个说了假话，现在大卫说的话真假不好分辨。但是旅店老板说的话真假就比较容易分辨，因为他只有两种可能：一种是没有调包，一种是调了包。假如旅店老板调了包，那么用什么方式把调包的项链给找出来呢？顺着怎么找项链这条线索，才能得到你想要的答案呢？

解密复盘

老警察查理看似随便地和他们聊天，其实就是仔细分析每个人说话的真假。他要来旅店老板的戒指，让警员赶紧去找到旅店的老板娘，警员对老板娘说：

“您认得这个戒指吧？”

老板娘点点头说：

“这是我丈夫的。”

“你丈夫让你把前几天别人抵押的项链拿给我，他调包的事情败露了。怕你不信，给我戒指为证。赶快点，别耽误事！”

旅店老板娘知道丈夫偷换了项链，现在丈夫在警局，肯定是主动坦白了，这样能减轻刑罚。老查理就这样拿到了被调包的项链。

两只散养鸡

场景构筑

吴大憨是一个老实本分的后生，待人又非常热情。乡里乡亲的，谁家里有个大小事情的，他都是有请必到，办事也是尽心尽力。也正是因为这样，所以村里谁家有什么事情都会找他来帮忙，因为大家觉得事情交给他来办理心里才踏实。这天，天刚蒙蒙亮，大憨就推着独轮车上路了。车上装着两个大笼子，笼子里是各家各户养的大公鸡。受乡亲们的委托，大憨要把这些大公鸡带到城里去卖掉，换点钱补贴家用。

一直走到将近中午的时候，大憨才来到城里一家有名的酒楼前。酒楼的老板派一个小伙计来跟大憨谈价。谁知道这个小伙计先让大憨把两个鸡笼子都搬到酒楼的后院，然后看了半天却给出一个非常低的价格。任凭大憨好话说尽就是不肯多给一点，无奈之下，大憨只得重新把笼子装到独轮车上，打算到别处再碰碰运气。没想到这个伙计见大憨不肯贱卖，就趁着他搬走第一个笼子的空当，从另外一个笼子里抓出两只鸡放进了酒楼的鸡舍内。大憨装好车后仔细一数发现少了两只鸡，就跟小伙计理论，小伙计哪里肯承认。这时酒楼的老板出来很不耐烦地跟大憨说：

“你这个乡下人不要在这里无理取闹了。我们可是全城知名的百年老店，还会坑你两只鸡不成？再说了，他一小伙计弄两只鸡来怎么养，交给我吗？

也不看看我是什么样的身家，我会在乎你这两只鸡？”

一番话说得大憨哑口无言。但是想想这些鸡都是乡亲们托他代卖的，现在丢了两只回去怎么跟他们交代呀？现在又要不回来，只有坐在店门口暗暗垂泪。

正午过后，正好知县的马队从酒楼的门前路过，大憨赶紧上前喊冤。知县听大憨讲明事情的经过之后就把老板和小伙计都叫到跟前。老板和伙计反倒说是大憨在讹诈他们，知县就问大憨：

“你一共有多少只鸡？”

大憨回答说：

“我两个笼子里一共有十五只，一个里面是八只，另一个里面是七只。但是现在只剩下了十三只。”

知县又问老板和伙计：

“你们店里一共有多少只鸡？”

老板还没开口，小伙计就抢着说：

“大人，您这话可算是把我们给问住了。你要知道我们这里可是酒楼，那些鸡随时买进，随时宰杀，哪里能有个准数呢？”

面对明显有些不敬的话语，知县并没有在意，而是接着又问大憨：

“你的那些鸡都有些什么记号没有？”

大憨一脸苦相地回答：

“大人，这些鸡并不是小民家里的，都是乡亲们托我替他们卖的。小民也不知道有什么记号没有。”

知县听完眉头就皱了起来，旋即又是微微一笑，接着又问伙计：

“那么，你们店里昨天买了多少只鸡？”

“昨天没买。”

“前天又买了多少？”

“前天也没买。”

“那就是说，你店里的鸡都是三天前买的了？”

知县说完盯着小伙计。

“没错大人，我们店里的鸡都是三天前买的。”

“那么，你们店里的鸡平时都喂些什么呀？”

“回大人，我们平时都是喂一些杂粮和糠。”

知县又回过头来问大憨：

“你的这些鸡，平时都喂些什么呀？”

“我们穷苦人家哪里有多余的粮食来喂它们呀？不过是放在野地里，随它们吃些小虫、杂草什么的。”

都问清楚之后，知县慢悠悠地说出一个解决的办法。酒楼老板和小伙计一听就乖乖地认错道歉了，不仅把鸡归还了大憨，还给了一些补偿。知县会说出一番什么样的话来呢？

头脑机关匣

又是一个没有第三人在场的案件。没有人证，丢失的东西上也没有什么标记。双方各执一词的情况下，还真是难分对错。但是这位知县显然是找到了破案之法。关键的线索就在知县一次次的提问中，我们不妨跟着知县提问的思路进行推理，相信你也会离真相越来越近的。

解密复盘

一切都探问清楚之后，知县微笑着面对众人，慢悠悠地说：“对于你们所说的一切，我都不知真假。不过我倒有个一试真伪的方法，就看你们愿意不愿意了。一会儿我让衙役把你们双方所有的鸡都杀了，看看鸡嗉子里都有些什么。如果在酒楼的鸡嗉子里发现有跟卖鸡人的鸡一样的青草、沙石这些东西的话，酒楼老板不仅要高价收购这些鸡，还要接受惩罚。如果没有，卖鸡的人就要把自己的鸡送给酒楼以示惩戒。当然，你们也可以选择私了。”

大憨一听赶紧说：

“我愿意，大人。就是他们偷了我的鸡，我愿意分出个对错。如果证明是我在撒谎，我愿意接受惩罚。”

但是小伙计一听额头就冒了汗，赶紧给老板递了个眼色，老板赶紧说：

“算了，大人。我们生意人讲究的是和气生财。我们愿意高价收购他的这些鸡，并可以多给一些钱来化解这场误会。”

无赖父子行凶案

场景构筑

张老汉已年过半百，有个儿子阿大也已过而立之年。阿大娶妻有好几年了，媳妇给他生下一个闺女，现在也已经五六岁了。张老汉父子两个都有些游手好闲，家中土地倒是有几亩，却一直都处于半荒芜的状态。一家三代好几口人就这么饥一顿饱一顿地过日子。由于家中拮据，日子过得艰难，阿大两口子天天吵架，关系非常不好。倒是张老汉有个侄儿持家有道，家境比较富裕，在张老汉一家遇上困难的时候还常常接济他们，时常劝诫阿大要好好干活，不要怕吃苦。也许正是这个原因，阿大两口子在吵架的时候，阿大媳妇就经常拿张老汉的这个侄儿来做榜样，说：

“看看你这个样子，整天游手好闲的，身强力壮的就是什么都不想干。你要是有你堂弟一半儿的勤快，我们家也不至于过到这种地步，我也就用不着跟着你受这份罪，自然也会让你衣来伸手饭来张口，犯不着这么天天数落你。”

这样的话听多了，阿大心里不免会想到另外一层意思。想起平日这位堂弟对他们家的帮助，阿大就感觉特别不是滋味，夫妻两个的关系也就变得越来越恶劣了。有次张老汉父子在一起喝酒，喝到醉意蒙胧的时候，阿大就给父亲说出了心中的不快。按说当父亲的肯定会严厉谴责自己的儿子，不要无端猜测、惹是生非，但是心术不正的张老汉却在儿子的烦恼上打起了主意。原来一生困顿的张老汉看着侄子家的日子过得一天好过一天，心里早就起了贪念。现在这个侄子还没有子嗣，如果把他除掉，就可以顺便霸占他的财产。而对于自己的儿媳妇，由于没有给自己家生下男丁，他早就看不惯了。

于是，有天下午阿大在一次争吵后杀了自己的妻子，并砍下了她的脑袋，然后关好房门，自己悄悄地藏了起来。等到晚上的时候，张老汉置办了一桌酒菜，请来了这位本家侄子。他的侄子也感到盛情难却，长辈相邀自己没有推托的道理。席上张老汉也是频频劝酒，直到他的侄子喝得眼神都有些迷离了。这时候他儿子的房间里响起一声惊叫，听着像是阿大的声音。张老汉一听赶忙对他侄子说：

“好像是你哥出了什么事儿，我这腿脚不灵便，你赶紧过去看看。”

等到这个年轻人慌慌张张跑进屋的时候，他看到在昏暗的灯光下一个人倒在床前。他刚靠到近前，就被阿大从后面砍掉了脑袋。半夜时分，张老汉父子把两颗人头放在县衙的大堂上，说这个人和阿大的媳妇通奸，经常以帮助他们的名义行苟且之事。今天请他喝酒谈事，他却不知为何醉酒行凶，杀害了老汉的儿媳妇，阿大才在一怒之下把他给杀了。

坐在堂上审案的是知县尹见心，他是一个有名的断案高手。他盯着堂上两颗血淋淋的人头，女人头颅的皮肉已经明显收缩上翻，而旁边的那个男人的头颅却并没有。看完之后，他问跪在堂下的张家父子：

“这两个人是同时被杀死的吗？”

“是的，老爷。他在行凶的时候，我和阿大听到动静就赶紧过去了。是阿大从他手里夺过凶器才又杀了他的。这也算是同时被杀死的。”

张老汉跪在堂下低着头回答。然后尹见心又问张老汉家里还有什么人。张老汉说家里还有一个五六岁的孙女。听完张老汉的回答，尹见心心想这个小女孩肯定会知道一些事情。他又问了一些别的，然后就让他们父子暂时留在县衙里。他悄悄派县衙的人把这个小女孩从邻居家里接过来，哄她开心，然后从她的嘴里问出了事情的真相。那么，尹见心是怎么想到这件事情另有玄机的呢？

头脑机关匣

破解这个谜题的关键线索就藏在被张老汉父子交到大堂上、被诬陷为通奸的两个人的脑袋上。不过这需要对人体的伤口特性有一些必要的了解，掌握了这些常识的人，在看到场景构筑当中在此处的一些细节时，就能找到张老汉父子言语中的漏洞了。

解密复盘

精于断案的尹见心看见摆在堂上的两颗脑袋，女人脑袋伤口上的皮肉已经收缩开始上翻，但是那颗男人的脑袋却并不是很明显。他当即就判断出这两个人被杀的时间应该有较长的间隔，所以特意问张老汉：“这两个人是同时被杀的吗？”张老汉为了突出是在捉奸现场杀的，故意撒谎说是同时被杀的。但是他的这种谎言又怎么能瞒过尹见心呢？尹见心不过是借这个问题来试探一下他会不会撒谎。结果，正是他撒的这个谎，让尹见心坚信这背后另有隐情。

被举报的孝子秀才

场景构筑

在历史上的很多时期，由于粮食的产量低，朝廷有时就会颁布“禁酒令”。就是不允许民间拿粮食去酿酒，如果有人私自酿酒，必将受到朝廷的惩罚。

小镇上的张秀才是个孝子。他家算是中产家庭，家境殷实。祖上传下来的房产、地产足以让他不用费心便能丰衣足食，生活中的杂事都有人打理，自己就一心读书。生活过得很自在的张秀才，最近遇到糟心事了：自己年迈的老母亲病了，药房医生开出的药吃了几天也不见好转。张秀才这次真的急了，老母亲的身体再拖下去的话，情况就会很糟糕。他就询问药房的药师药效怎么没有起色。药师为难地说，这个药需要放清酒才能疗效好，但是现在禁酒，也是没有办法的事。

张秀才顾不了那么多，偷偷地酿造了一些放在老母亲的床底下，心想这样就不会有人知道了吧。但是还没等老母亲完全康复，张秀才就被人举报了。

县令看到张秀才站在堂下，他严厉地说道：

“你是一个秀才，难道不懂朝廷的律法？明知禁酒还要造酒！”

张秀才说道：

“在下天天读书，岂能不知遵纪守法？但是老母亲生病有剂药需要用酒，在下确实是为了母亲的安危，但只是酿造一点点，绝对没有拿出去卖。这也是万般无奈的事情。”

县令看到张秀才忠厚老实，看样子也没有说谎，还拿出了药师开出的药方给他看。

看到这种情况，县令觉得张秀才是孝子，造酒的数量有限，再说是为了自己的母亲，对于这件事就不予追究了。

等到了第二天，县令又把张秀才传到了大堂。他告诉张秀才：“我调查到你的为人不错，但是为什么单单有人告你呢？难道你与别人有仇吗？”张秀才说：“不曾与人结怨。”

当县令说出举报人的姓名时，张秀才说：“我不认识这个人，更没有来往，他怎么偏偏盯上我？”

张秀才做了一缸酒，就藏在老母亲的床底下，怎么也会被外人知道？平时能进入老母亲房间里的人除了自己，就是妻子和妻子的随身丫鬟，这个男子怎么会知道？县令听完了张秀才的回答，心中暗想，张秀才被检举背后肯定有阴谋。县令命人前去调查，结果发现了不为人知的事情。

头脑机关匣

从表面上看，县令主要查张秀才是否酿酒的问题，通过二人的对话得知，酿酒、藏酒中间没有几个人知道。既然有人举报属实，就证明有人详细了解张秀才家中的具体状况。举报人一般就是为了领赏，还有就是为了报复。综合这些因素，县令分析出举报案背后肯定有秘密。从能接近老母亲的人开始着手，问题就比较容易查了。

解密复盘

县令总觉得事情蹊跷，被告不认识原告，但是告密者不但知道张秀才造了酒，甚至连藏酒的地点都一清二楚。经过调查，原来是张秀才妻子的随身丫鬟有问题，丫鬟和告密者有奸情。为了达到自己的目的，告密者就上堂状告了张秀才。调查清楚后，县令对这对狼狈为奸的男女进行了处罚。

弟弟杀人哥哥伏法

场景构筑

明朝时，高子业曾在代州做太守。在他的辖区内有个名叫江棨的秀才，此人为人阴险，善于算计。他有个哥哥，是个千户，名叫江楫，还有个弟弟名叫江盘。

江棨看上了邻居的宅子，邻居家无儿无女。等到邻居去世了，他就想把这个宅子霸占过来。但是邻居家族的人不干了，本家人和江棨来理论，双方几乎都要打起来了。江棨的哥哥弟弟都过来相助，对方也是一大家子。双方势均力敌，最后只好暂时作罢。

江棨不想就此作罢，他找个机会把邻居家人约到自己家里，做了个局，用刀砍死了邻居的族人江孜等两个人。他的计划是把杀人的罪行栽赃给邻居家其他人，但是被识破了。邻居家人心里害怕自己也受到江棨的迫害，就主动答应把房子让给江棨。江棨偷偷地把尸体埋在了自己的院子里。

事情就这样过去了好几年，江棨杀人的事情一直没有被告发，直到江家又出现麻烦事。江棨的哥哥千户江楫有次喝醉了和妻子发生了争吵，失手把妻子给杀了。江棨之前和哥哥也有不和，他暗地里唆使江楫妻子的娘家去告状，同时把之前杀死江孜两人的罪名都安插在江楫身上，江楫身上一下就出现了三条人命。江楫不肯承认杀死江孜等两人的事情，官府就对他进行了严酷的拷打。结果重刑之下江楫就被打死了，江楫和妻子没有孩子，所以房产、家产就又归了江棨。江楫的弟弟江盘继承了哥哥千户的职位。一切似乎都按照江棨的意愿来进行。但是案子交到了上级的时候，高子业负责审查案情。高子业详细地查看案宗，觉得案子有点蹊跷。

他把江棨叫来询问：

“之前的案宗上说是你的哥哥杀死了江孜等二人，现在二人的尸体埋在何处？”

江棨回答道：

“大人，江孜等两人被江楫所杀，他杀人后把尸体埋在了房子里，但是具体的地方，我也不清楚。”

高子业继续询问：

“江楫为了什么事情杀死江孜等两人呢？”

江棨听到这里脸色都变了，他回答道：

“是因为我和邻居争住房，哥哥前去相助杀了江孜等两人。”

“你和哥哥的住房是在一起的吗？”

“回大人，没在一起，我们都有自己的院子。”

高子业听到这里顿时口气严厉起来：

“你这个无耻的小人，你杀了人还要栽赃给自己的亲哥哥，赶紧从实招来，不然就大刑伺候。”

江棒此时还想继续申辩，但是高子业说了一通话，他就无话可说了。高子业命差役们在江棒的院子里掘地三尺查找死者的尸体，果然在江棒的家里挖出来了两具尸体。由于年代久远，尸体只剩下森森白骨，但是仍然可以看到尸骨上有明显的刀伤。案子到了这里，就真相大白了。州里的百姓们说：

“这两个人十年的冤案，终于让高子业给平冤昭雪了。”

头脑机关匣

这个案子已经结案。但是从场景构筑上来看，之前定案时并没有找到死者江孜等二人的尸首。死者为什么被杀？被杀的起因是什么？审案子的高子业查找到问题的根由，也同时推断出常人的基本做法，这样就能查找到最后的真凶。

解密复盘

高子业发现江棒的叙述有问题，便问：

“你既然和哥哥的房子不在一起，那么哥哥为你杀了人，你得到了别人的房子，好处你都给占了，你的哥哥还把尸体埋在自己院子里。这个事情在情理上是说不通的。”江棒听到这里，顿时脸色都变白了。

高子业接着询问差役：

“你们之前去他家里搜查过尸体吗？”

差役说，没有搜查过。后来在江棒家里搜出来尸体，他见不能抵赖，就承认十年前自己杀了江孜等两人。

夺命爱心鱼汤

场景构筑

赵铁牛是村里有名的壮实后生，一身腱子肉，浑身的力气好像永远都使不完。父母勤劳能干，小伙子也是心灵手巧。由于家里是在山区，铁牛学了一手爆破的好技术，跟着矿山上的人负责开山打炮眼装药。前不久经过媒人的介绍，铁牛娶了附近村里的小花。小花是十里八村数得着的俊俏姑娘，在娘家的时候，地里的家里的活都能干，尤其是一双巧手绣花做衣服更是出众。

新婚的两个人恩爱甜蜜。虽然铁牛干的是力气活，但是自从结婚以后就再也没穿过汗湿的衣服了，每次上工都被小花收拾得干干净净的。不仅如此，小花还经常把做好的饭菜给铁牛送到矿上来。虽然需要走好几里的山路，但是每次送来的饭菜都还带着一股子热气。这么贤惠的媳妇让矿上的年轻人个个都羡慕不已，都说这铁牛也不知道是几辈子修来的福气才能娶到这么知冷知热的媳妇。

这天铁牛刚从矿山上下来，远远地就看见小花左手提着篮子，右手提着一个瓦罐送饭来了，便赶紧高高兴兴地迎了上去，接过小花手里的瓦罐，铁牛眼里禁不住一亮。竟然是鱼汤，心想这肯定是小花心疼自己干活累，到山涧的小河里捞的鱼。心里也感觉热乎乎的，一大罐的鱼汤连鱼一起一会儿工夫就被铁牛给消灭了个干净。看见铁牛吃得开心，小花脸上也挂着笑。等铁牛吃完饭赶紧收拾好碗筷准备往回走，可是还没走几步就听到铁牛在背后大喊了一声。小花回头却看见铁牛满脸痛苦地捂着肚子倒在了地上。等到附近的工友听到叫喊声赶来的时候，铁牛的嘴角已经开始有血丝渗出来了。意识到问题严重的领导赶紧让人把铁牛往医院送，可是还没出矿区人就没了呼吸。

看到铁牛这个样子，小花也吓得不知道如何是好了。等她稍微明白一点的时候才发现，周围的人已经把她给围了起来。还有那个送饭的篮子和瓦罐，不知道什么时候已经被人给拿到了小花够不到的地方去了。铁牛的父母来到现场后看到儿子躺在那里，嘴角流血，已经气绝身亡，再听身边的人说原来还好好的，吃完了小花送来的饭就变成了这样。平时再怎么好的表现都抵不过此刻的丧子之痛，于是他们把小花送到了公安局。验尸的结果也显示是中毒身亡，毒物是砒霜，而铁牛毒发之前确实只吃过小花送来的饭菜。这时候小花就是有一万张嘴也说不清楚了，无奈之下只好含冤认罪。

这时邻县出差过来的一个老刑警刚好赶上了这件事，他就觉得很蹊跷。一来铁牛的条件还算是不错的，两个人婚后也很恩爱，小花没有作案的动机。再有就是如果她真的有心要毒死铁牛，为什么要选择把有毒的饭菜送到矿山上来，让铁牛当着大家伙的面吃下这些饭菜，然后毒发身亡？她没有理由选择这么愚蠢的方法来毒杀自己新婚不久的丈夫。征得当地公安的同意，这位老刑警见到了已经被定罪的小花，向她了解当天的所有细节。小花看到有人来过问当天的事儿，仿佛又看到了希望，就详细地讲述了那天的经过：

新婚后她跟铁牛两个人非常恩爱，她心疼铁牛在矿上干活累，担心他营养不够，总想着给他吃得好一点，但是农村的人家日子过得都很拮据，哪里有多余的钱给一个年轻人买好吃的？于是，这天小花一大早就到山涧的小河里去捞鱼，快晌午的时候终于捞上了几条鱼。不过小河里的鱼个头都不大，也只能是炖汤喝了。小花是个干活麻利的人，很快就把小鱼收拾好，炖好了鱼汤。鱼汤盛在一个瓦罐子里，也没有盖盖，就那么在手里拎着给铁牛送饭去。她平时就是这么送的，所幸瓦罐保温，现在天也不冷，往往送到矿区的时候还温着呢。以往她都是一口气走到的，但是那天她看到山道上的荆花开得漂亮，就忍不住拎着篮子和瓦罐在荆花丛中走了几趟，然后就给铁牛送饭去了，谁知道铁牛刚吃完饭就中毒死了。

这位老刑警听完小花的讲述，跟身边的警察说：

“听了她的讲述，她真有被冤枉的可能。我想我知道是哪里来的毒了。”

聪明的你，猜到毒是从哪里来的了吗？

头脑机关匣

破解这个谜题的关键线索，就隐藏在场景构筑里的细节当中。不过要想发现这个关键性的线索，需要广阔的知识面，尤其是需要了解一些常见植物的特性，比如说场景构筑当中提到的荆花。

解密复盘

虽然法医给出铁牛的死因是砒霜中毒，但是这位老刑警凭自己多年办案的经验感觉这起案子当中肯定有冤情。不管是小花毒杀铁牛的动机还是她采用的手法，都有很多蹊跷的地方。而且直到结案，他们也没明白这砒霜是从哪里来的。所以他特意要小花细致地讲述那天的所有细节，当听到她曾经拎着装有鱼汤的罐子在荆花丛中逗留的时候，心中的疑惑一下子就解开了。因为鱼汤当中会含有大量高浓度的砷的化合物，这本身是没有任何毒性的。但是当荆花落到鱼汤里面之后，大量的维生素 C 就会跟鱼汤里砷的化合物生成三氧化二砷，这就是砒霜的主要成分。找到了毒物的源头，这位老刑警这下终于算是帮小花洗白了冤屈。

买来的亲生儿子

场景构筑

某县县令外出私访，听到了一件惨绝人寰的事情。

本地一个有名的张姓富翁，家中房屋好几处，田产上千亩。家中娶妻王氏，王氏娘家在当地也是大户人家。但美中不足的是，张员外与王氏结婚十来年了，一直没有孩子。张员外着急也没有办法，家中的妻子非常强势，不让纳妾。为了续上自己的香火，张员外在离家稍微远的地方买了处宅子，寻了一位家境贫寒的十五六岁的女子做了姨太太。张员外想慢慢做王氏的思想工作。等过几年王氏岁数大了还不能生的话，那么姨太太的孩子她自然能接受了。令张员外欣喜的是姨太太年轻，很快就怀孕生了个儿子。之前张员外不经常住在外面，王氏还没有发觉，现在发现张员外总是往外跑，经常找理由外出，王氏就感觉不对劲。在她的探查下，知道姨太太有了儿子，将来的张家就是姨太太和她生下的儿子的。可是现在姨太太住在较远的地方，王氏不好控制，就假装高兴张员外有了后，请姨太太回家住，省得张员外两边跑。张员外不知是计，就把姨太太和刚出生几个月的儿子接了回来。

儿子住在家里，张员外看着王氏对姨太太和儿子都很尽心，所以比较放心。生意的事情也该处理了，他去南方采购要几个月才回来，家就交给了王氏。这边张员外刚走，王氏就变了脸，她找了个借口，把姨太太打发走了，说不允许再回来。姨太太自然带不走自己的儿子，因为这是张员外的骨血。

等姨太太走后，王氏干脆掐死了这个几个月大的孩子，孩子幼小的尸体也被她焚了尸。张员外不在家里，王氏只手遮天，事情竟然没有人报官。

县令听了传言也觉得事情太过于残忍，一个女人连几个月的孩童都能下死手。自己身为县令，就要保这个地方百姓的平安，即使没有原告，也应当查个清楚。他就命人传来王氏，询问关于传闻的事情。这个女人不肯承认，说是有人陷害自己。县令当时也没有证据，就放她回了家。这个有心计的女人知道县令以后可能会详查，她就花了很多钱去买通姨太太的父母。姨太太的父母看到能收到很多钱，就答应帮她说好话。姨太太见父母收了人家钱，自己也只能配合。然后王氏又买了邻居十来个月的儿子，给了很多钱，还许诺说：

“你们放心地把孩子交给我吧，我没有孩子，这个孩子就是张家的继承人。”

邻居听见这个许诺，也答应帮她做伪证。

县令不放心，就派差役去她家院子查找，结果找到了孩子的尸体。面对这一堆小白骨，王氏说不知道，姨太太的孩子没有死，她命人抱过来一个婴孩。婴孩也是十来个月的样子，姨太太见到孩子后满含热泪地赶紧抱住，说这就是自己亲生的孩子。县令一看姨太太都不肯说实话，当场气坏了。自己的儿子被杀了，还要替凶手说话。王氏看到县令没有了主意，就暗自得意。她想赶紧离开大堂，县令也无可奈何，只能让她们离开。这时，姨太太怀里的婴孩突然哭了起来。是啊，一直在审案，孩子半天都没吃奶了，肯定都饿坏了。这时王氏不顾哭泣的孩子，拉着姨太太就想离开大堂。这时县令一声断喝：“回来！”然后县令说了一句话，就识破了王氏的阴谋。请问，刚刚还束手无策的县令，现在想出了什么好办法？

头脑机关匣

这个案子相当棘手，传言王氏杀人焚尸。家中找出一个孩童的尸体，但是已经被焚尸，查不出到底是谁的孩子，也不能证明王氏杀了孩子。县令又看到王氏带来的孩子，姨太太由于种种原因不愿意说穿。那么县令只能从最基本的实际情况着手，想象怎么才能推断出幼儿不是这个姨太太的。只要顺着这个线索推，就能查出事情背后的真相。

解密复盘

县令看到孩子饿了，王氏着急地拉姨太太离开，就想到一个方法：让姨太太回到后堂喂哭着找奶吃的孩子。姨太太好多天没有喂孩子了，奶水早就回去了。孩子被抱在怀里还是使劲地哭。县令马上命差役把张员外附近村子里家中有十来个月大的儿子的妇女都带到大堂。孩子十来个月大了，能认识天天和自己在一起的母亲，当母亲出现在面前时，赶紧张开小手高兴地要投入母亲的怀抱。县令让这个母亲给孩子哺乳，孩子一下子就不哭了，赶紧吃起奶来。面对这种情况，恶毒的王氏只好承认杀死孩子并焚尸的犯罪事实。

谁是孩子的母亲

场景构筑

一个地主死了，他的财产指定由自己的幼子继承。孩子刚会走路，说话还不明白的样子。地主的大老婆就想把幼童的亲生母亲赶走。幼童的亲生母亲是地主的小妾，当时是从外地买回来的，在这里无依无靠，只想着生下孩子，自己的后半生就有了依靠。结果地主的大老婆自己不能生育，还想把这个幼童说成是自己亲生的，要把小妾给赶出去。家里的奴仆惧怕大老婆娘家的权势，没有人敢出来说话。

孩子的亲生母亲不想离开自己年幼的孩子，就死活不肯离开，拉着大老婆要去见官。古代的女人是大门不出二门不迈的，周围邻居不知真相，就说让她们去见包拯，包拯为人正直，断案如神，肯定会分个清楚。大老婆心想没有人给外地人做证，她怕啥，就抱着孩子一起去击鼓鸣冤。两个哭哭啼啼的妇女在堂上各自叙述自己被人诬陷，都说孩子是自己亲生的。包拯一看犯了难，孩子这么小，话也说不明白，这两个女人都眼泪汪汪的，暂时也看不出来谁是孩子的娘。这可怎么办？包拯对堂下跪着的两个女人说：

"一个不会说话的幼童，你们都来争。孩子就一个，孩子的爹死了，谁来做证？这样，老爷我在堂下画个圈，孩子就放在中间，你们一边拉孩子一只胳膊，谁先拉出圈，孩子就归谁。"

孩子在圈中间迷迷糊糊地站着，不知道发生了什么事情，这两个女人就伸手拉孩子的胳膊。刚一用劲，孩子细嫩的胳膊哪受得了，孩子就哇哇大哭起来了。包拯说："你们都使点劲，不然孩子可就归对方了。"刚说完话，包拯立马指着一个妇女说："你这个可恶的婆娘，黑了心肝抢人家的幼童，该当何罪！"这个妇女赶紧狡辩，包拯说："你不见棺材不会落泪，老爷我是有依据的……"说完依据，那个妇女就跪地求饶了。

头脑机关匣

包拯做出判断的依据，就是两个女人在争夺孩子过程中的表现，这里面有个人性抉择的问题。亲生母亲和想要霸占孩子的女人，在面临利益和感情的抉择时是不一样的。想明白了这一点，就能够从她们的表现中看出事情的真相了。

解密复盘

包拯说让两个妇女使劲拉幼童，孩子胳膊疼，自然就哭了起来。孩子的亲生母亲知道如果自己不放手，孩子会被拉断胳膊，或者更惨。她哪怕失去自己的儿子，也不会亲手把儿子弄残疾，所以就提前松开了手。地主的大老婆眼见自己把孩子拉出了圈外，觉得自己赢了，就扬扬得意地看着对方。这样包拯就分出了谁是孩子的亲生母亲。

周忱记天气破沉船案

场景构筑

很多事情日积月累就有了效果。某州巡抚有个记事本，每天都把自己的所见所闻写在小册子上。自己办的案子，或者别人茶余饭后的谈资，他觉得有用都会细心地记下来。哪怕每天的天气阴晴，有雨还是下雪都记得很详细，甚至细致到每天几点起风、到几点结束、多大风力都会详细标明。周围的人看到一个巡抚天天记这些琐碎的事情，都不明白有什么用。

最近官府比较忙，朝廷征集了几艘民船，原来是朝廷调集南方的米谷要送到北方。负责的官吏挑选最好的米谷给装袋，然后都搬运到征来的民船上。说好了要到的日期，派士兵监管，船主答应一定会如期到达。

巡抚算计着船主该回来的日子，过了没几天，船主回来了。他见到巡抚后，趴在地上就哭，他说道：

“大人，小民去替官府送米谷，一共用了我四艘船。结果在月初第三天的时候，风太大了，其中的一条船在大风大浪中被打翻了。船上的船工水性好侥幸逃脱了性命，但是船和船上的米谷都沉到了江底。”

巡抚听到这里，很是吃惊，一方面沉入江底的船要官府给予赔偿，另外，缺失的米谷也要赶紧补齐要重新发船。他详细地问询船主事情发生的时候，船被风浪打翻的具体时间。船主说在上月初三，上午还是好天气，到了中午后，江面刮起了东北风，接着又下起了暴雨。风力看样子有五六级，自己已经做了防御工作了，但是风浪太大了，船就翻了。巡抚把随行的士兵叫过来询问。士兵说行船时并不是每条船都有士兵，这条船比其他船走得慢，所以当时并不在一起，翻船的事情自己也是后来得知的。巡抚看着面前跪着的船主，沉思了一会儿，说道：

“在我的眼皮子底下，你还敢胡编乱造，你私自侵吞了官府的米谷还不算，还想要官府赔偿给你一艘新船，你可真会打算盘呀！”

船主听到这里，冷汗都下来了，他不肯承认。这时巡抚给他看了一样东西，他顿时就不分辩了。在巡抚严厉的审问下，他供出了自己伙同别人假装船被打翻沉入江底，事实上他转移了船上的米谷，并藏起了这艘船。大家对巡抚的明察秋毫佩服极了。

头脑机关匣

从场景构筑中就能知道巡抚平时有做笔记的习惯，结合当时船主一个劲儿地说天气问题，就能知道船主想拿一个月前的天气做文章。因此，巡抚只要拿起记事本核对，就知道船主说的是真还是假了。

解密复盘

巡抚平时有记天气状况的习惯，他把记事本翻到上月初三，上面清清楚楚地写着：天气晴，微风。船主本来想一个月前的天气，没有人能记得清楚，结果还是被巡抚查了个清楚。

杜撰的案发现场

场景构筑

韩王府中失窃，晚间的时候，府中掌管金银器具的婢女大声呼救：

“来人呀，快来抓贼呀！”

这时府中的很多人已经睡了，等守卫出来抓贼时，盗贼早已不见踪迹。婢女瘫坐在地上，右手握住左手腕，鲜血都流到地上了。屋里原本摆放各种银器具的架子被翻得乱七八糟，现场一片狼藉。

韩王府出现了盗窃案，官府很快便派一位总辖前来调查。家里来人办案，房间里王府的亲信、婢女都围在旁边观看。总辖问婢女：

“案发当天那么晚了，你为什么还在库房？”

婢女垂头回答道：

“奴婢本来已经躺下要睡了，忽然想起第二天主人要用到一些器具。我担心器具明天找来不及，所以想提前拿出来，方便明天一早使用。”

总辖接着问道：

“当时盗贼都伤到了你，你肯定知道盗贼的模样了，你说说盗贼长什么样子。”

婢女回答道：

“当时我手中拿着蜡烛，刚推开房门，就感觉房间里有黑影，一个矮小的男子身上背了个包袱，黑衣黑裤，脸上还蒙着黑布，我看不清年龄。盗贼看到我进了房间，举刀就威胁我，我奋力反抗，用手去挡，结果手腕被砍伤了。”

总辖接着询问总管：

“明天一早必须使用婢女说的这些器具吗？”

总管回答道：

“具体的使用时间我也不是很清楚，安排具体事情的是王爷的护卫李大力。”

说话间，李大力就跪在总辖的面前。李大力距离婢女很近，甚至跪下时腿压到了婢女的裙子。婢女给李大力使了个眼色，李大力赶紧把腿脚向旁边挪了挪：

“回大人，器具确实是第二天一早就要使用的，因为王爷说要拿这套器具送人。想必这婢女担心器具放久了有灰尘，想提前查看下。”

总辖看见婢女给李大力使了眼色，这种神情看起来好像二人比较熟悉的感觉。他心中微微一动，接着问：

“案发当时婢女呼救，你在哪里？”

李大力回答道：

“回大人，小人当时以最快的速度赶到了库房。王府出现盗贼，我身为王府的护卫，当然要冲在前面。”

总辖看了看面前的这两个人，他接着问婢女：

“你的伤口严重吗？能打开绷带，让我检查一下伤口吗？”

婢女听到这里顿时愣住了，她犹豫了一下后，让总辖检查了自己的伤口。总辖看到伤口后，转身突然对李大力说：

“你身为王府的护卫，伙同别人窃取王府的东西，还不知罪？”

李大力听到这里，分辩道：

“大人别弄错了，婢女说的盗贼和我长得一点都不像。我的身材高大，婢女说的盗贼是矮小的身材。”

总辖微微一笑说：

“你们两个互相包庇，肯定有问题。”

然后总辖转向婢女说了一句话，婢女当场就瘫在地上，她承认是自己悄悄偷了王府的一些银器，并编造了案发现场，杜撰了一个盗贼。经过审问后得知，这个婢女和王府的护卫李大力有私情，最近李大力遇到了麻烦，手中缺钱，这个婢女就私自拿了王府的银器送给李大力。

头脑机关匣

场景构筑中表明，案发现场就只有婢女一个人。她说的供词是真是假，这就需要办案人员细心观察了。如果婢女说的是真的，那就追查凶手；如果发现婢女说的有漏洞，那就证明婢女和这起案子肯定有关系。总辖检查伤口时已经看出端倪，再加上问话间仔细观察，就发现了问题所在。

解密复盘

总辖审问时，发现婢女和护卫李大力比较熟悉。熟悉也很正常，但是他们的神情看起来不简单。当总辖说查看婢女受伤的手腕时，他观察到婢女脸色是迟疑的。护卫李大力当时就出现了担忧的表情，因为护卫经常使刀，他清楚这刀伤是婢女自己割的。正常的情况下，如果婢女和盗贼面对面，一般伤口都会在伤者的右手。伤口的角度和深浅也不同，自残的话，伤口外面浅里面深。综合上面的种种疑点，总辖判断婢女监守自盗。

冒牌富家公子

场景构筑

生活中有的人大大咧咧，有的人善于观察。这种善于观察的人，往往能发现平时别人不能发现的事情。有个叫作张小舍的人，就是个有心人。他识别盗匪的本领可是不一般。

某天，张小舍和朋友在街上喝茶，此时街上人来人往，很是热闹。远处走过来一个衣衫鲜亮的年轻人，看上去风度翩翩。朋友指给张小舍说道：

“这位公子的衣服看起来不错，回头咱们也买一身这样的行头。”

张小舍看了一眼后说道：

“这套衣服普通的百姓可买不起，看起来肯定不便宜。”

说话间，就见大路对面这个翩翩公子路过一辆装满柴草的马车时，顺手拔下了一把草走进路旁的简易厕所。张小舍对朋友说：

“这次你可看走了眼，这人不是富家公子，我打赌他就是个盗贼。”

朋友说：

“你可别瞎说，就凭那一身衣服，就不可能是普通百姓。”

张小舍也不回话，直接放下手中的茶杯，起身去了路对面的厕所旁边。等到这个富家公子一出来，张小舍说了一句话，当时就把这个富家公子吓坏了。朋友跟在旁边，两个人把这个人送到了官府。一经审问，这人原来是假冒的富家公子，一身鲜亮的衣装是他偷来的，他就是个小偷。

头脑机关匣

一个人的生活习惯是不容易改变的，张小舍朋友眼中看到的是这个人的衣衫，但是平时注意观察的张小舍眼睛里看到的是这个人外观和行为的不符，仔细想想为什么会出现不符的情况，就能猜到问题的所在。

解密复盘

张小舍善于观察，他发现这个人衣衫光鲜，但是去厕所还是拿了一把草，就知道这个人平时的生活比较艰辛，没有教养，是一个无赖、二流子。一般的富家公子去厕所怎么也会用草纸，所以断定此人身上的衣服是偷来的。

睡在庙里的年轻人

场景构筑

青山是个新入职的捕快，他入职后认了一个师父，就是老捕快田福。青山知道一般人都不愿意带新人，所以处处对田福毕恭毕敬，希望师父能喜欢自己，多带带自己。

为了多学到些东西，青山连休假都和师父同步。这不，师父说休假去附近的寺庙上香，他赶紧说陪师父一起去，帮忙提个水壶什么的。田福清楚青山的想法，就同意了。一路上青山帮师父拿东西、拎水壶很是勤快，大热天跑得一身是汗。师父田福看见青山这样也很是欣慰，这样虚心的徒弟肯定上道比较快。

上完香，师徒二人往外走，由于天热，庙里的人不是很多，因此也显得清静。二人走到庙内的一片小树林时，看到四个年轻人席地而卧，看样子一个个都睡得很香甜。在几个人的身旁放着一个切开的西瓜。夏天天热，苍蝇不少，很多苍蝇都围着西瓜飞。青山看到这个情形就对师父说，这些年轻人真是，随便就在地上睡，可能太困了，西瓜切开了居然都没来得及吃。看样子西瓜还是沙瓤的，一定很甜，上面趴了许多苍蝇和蚂蚁糟蹋了这么好的西瓜。师父田福盯着这几个酣然入睡的年轻人，睡得鼾声如雷，连他们走过来也浑然不觉。

忽然田福停下前行的脚步，他小声对青山说：

“年轻人，给你个立功的机会，现在赶紧回县衙，多带几个人来，就说在庙里发现了四个盗贼。我在这里盯住他们。”

青山很是疑惑：这几个睡觉的年轻人，都没看清人家的模样，就说是盗贼，也太神了吧？难道这人真是盗匪？他不敢多问，转身去县衙搬救兵。这几个睡觉的年轻人在梦中稀里糊涂就被抓起来了。到了大堂一审问，果然就是盗贼。青山太佩服师父了，就询问师父是怎么发现这几个人就是盗贼的。田福微微一笑，说这个很简单，就告诉了青山他的推测。

头脑机关匣

俗话说机会总是留给有准备的人，田福是个有经验的捕快，通过简单的一个场景，就能联想到很多背后的原因。几个年轻人把西瓜切开喂了苍蝇、蚂蚁，这是为什么？几个年轻人大白天的同时疲惫地席地而卧、入睡，难道还不值得怀疑吗？

解密复盘

夏天天气炎热，虽然年轻人比较爱睡觉，但如果不是夜间缺觉，白天也不会睡得如此酣然。田福猜想肯定是几个年轻人夜间偷盗，所以没有睡觉。再者，一般人买了西瓜肯定就是解暑解渴，但是这几个年轻人只是切开用来喂苍蝇，这说明他们的钱来得很容易。用西瓜吸引苍蝇也是为了不让苍蝇叮到自己脸上，这样能够睡得更香。结合这些，所以田福推断这几个人就是盗贼。

假受伤的盗窃犯

场景构筑

一天夜里，城里发生了盗窃案件，县令询问昨夜谁在值班。这时下面站出来了两个受伤的士兵，他们面带痛苦，向县令讲述他们两个值班时，发现了盗贼的踪迹。二人全力和盗贼搏斗，但是寡不敌众。盗贼不但偷走了东西，还把他们给打伤了。此时县令看到一个人手腕上缠绕着绷带，用布条托着受伤的左腕。另一个就更惨了，说是胸口遭到了盗贼棍棒的重击，一直都疼，现在只能贴着膏药来减轻痛苦。

看到这两个士兵痛苦的样子，县令也只能轻声安慰几句，然后责成捕头来负责这起案子，一定要在十天之内捉到盗贼。受伤的士兵听到案子有人专门负责了，也暗暗松了一口气。县令看到二人逐渐舒缓的表情，就对士兵说：

“你们受伤了，我要检查一下伤势，好根据伤势给予你们奖赏。”这两个受伤的士兵赶紧表示不用奖励，伤口已经给包上了，休息几天就恢复了。但是县令坚持要查看，士兵没有办法。手腕受伤的士兵只能打开缠绕的纱布，胸部受伤的取下贴好的膏药。县令仔细查看了伤口。

他让人帮士兵重新包好受伤的地方，然后让他们回去休息。下午退堂后，他和僚属商谈今天看到的状况。县令说：“今天他们两个的伤口好像不是真的，你们有什么看法？”

僚属对县令说：“我听说有种叫作千里急的草，这种草捣碎后敷在皮肤上，就可以造成和伤口类似的颜色。”

于是县令便命人寻来千里急。他把这种药捣碎后，把这两个士兵叫到跟前，把这种草药分别敷在两个人的皮肤上。只过了一会儿，被敷后的皮肤就呈现了类似伤口的颜色。这两个士兵看到皮肤的变化就赶紧叩首认罪，说出了两人合谋监守自盗的事情。请问，县令怎么发现士兵说了假话的呢？

头脑机关匣

两个士兵同时受伤，盗贼带着赃物逃脱。此时在县令检查二人伤势的情况下，发现问题不是那么简单。县令看到伤者伤痕有疑点，就顺着这个疑点找出了问题的所在，只要证明伤痕是假的，那么后面的案情自然明朗。

解密复盘

县令查看伤痕，发现伤痕只是颜色上看起来像是受伤，但是不符合被重物击伤后的状况。被击伤后，一般受伤的地方会发生红肿。棍棒击伤，重者能伤及人命，轻者敲在手腕上弄不好也会骨折，可是今天的士兵好像并不是很痛苦。胸口受伤的士兵也是，伤痕看起来面积比较大，但是说话的感觉还是比较顺畅，并没有疼痛难忍的样子，所以县令判断二人是监守自盗，伤痕是作假弄出来的。

看不见的血迹

场景构筑

陈小五前两天遇到了好事，乐得他直蹦跶。他无父无母，是个孤儿，从小就习惯了偷鸡摸狗的生活。大家知道他可怜，也不和他真的计较，再说都是平头老百姓，光脚的不怕穿鞋的，村子里明知道他是个二流子，但是都不敢惹他。

前两天他正在街上闲逛，遇到了齐大官人。大官人平常是不愿意多看他一眼的，今天见到他却非常热情，邀他去饭店吃饭。这让陈小五有点受宠若惊。吃饭间，齐大官人要他做一件事，这件事对他来说不是难事，就是齐大官人有个仇家现在负责给官府护送马匹，这个人就是李主簿。齐大官人不想让李主簿这趟任务顺利完成，让陈小五在路上找个机会把那些马匹给杀死就好。事情如果办得顺利，回头齐大官人有重金酬谢。杀死几匹马对陈小五来说不是难事，他也经常杀鸡宰狗，所以当时就答应了。他问清楚李主簿的行程并收下了一半的定金。

陈小五从齐大官人那里得知李主簿的行程路线后，就计划在外地把马杀死。出门在外，李主簿即使报案，当地官府也不会查到老家这里。陈小五查到了李主簿入住的旅店，他当天也入住了这家旅店。为了便于行事，他提前买了蒙汗药和短刀放到自己的包袱里。吃完晚饭，他趁天黑偷偷地溜到店家的马棚里。马棚里几匹高大健壮的马，一看就是百里挑一的好马。他看四周无人，偷偷地把蒙汗药撒在马槽里。他算计好了时间，等到夜深的时候，这些马匹都会睡得死死的，下手就方便多了。陈小五挑选房间时挑了一个距离马棚近的。房间是两人间，同住的是个贩卖商品的小贩。这种人一天到晚地奔跑，夜间睡得沉，自己出去不容易被发觉，万一被查，还能帮忙做证。

计划万无一失，他吃完饭和商贩聊得很是投机。商贩哈欠连天地说熬不住了，然后二人上床睡觉。陈小五看商贩睡着了，就拿着短刀翻窗出去。他偷偷到了马棚一看，马都卧倒在地上，睡得很沉。他挥起短刀，把这几匹健壮的马都割断了动脉。可怜昏迷中几匹马都被杀死了。得手以后，陈小五到河边把短刀清洗干净，把染上鲜血的衣服给丢到河水里，转身回到了旅店。等他回到房间时，同室的小商贩还在打呼噜，此时陈小五心中暗暗高兴，这个活对自己来说太简单了。想着过几天就能拿到另一半赏银了，他是心潮起伏，一直到天蒙蒙亮才进入梦乡。

可是还没等他起床，房间里就站满了差役。陈小五当时都蒙了，但还是假装镇定故意装糊涂，询问发生了什么事情。差役们说怀疑他杀了官马，他说自己和小商贩同住，夜间没有出过房门。小商贩赶紧点头："是啊，我们睡得晚，我没听见房门响。"虽然同住的小商贩尽力为陈小五开脱，差役们还是要进行搜查，陈小五包袱里的短刀被翻了出来。陈小五说是用来防身的，这刀是新买的，还不曾用过。此时站在门口的李主簿说道：

"你也不用争辩，我有办法测试真假。"

大家按照李主簿说的做，果然陈小五再也无话可说，就承认了自己被人指使杀死官马的事实。

头脑机关匣

场景构筑中交代得很明白，这件有预谋的暗杀官马事件是陈小五精心策划好的。看起来天衣无缝的计划，其实他忘记了最重要的一点，就是杀了官马，不是偷走换钱，这样让李主簿很容易猜到是被人报复，自己一路上并没有得罪任何人，那么越是熟悉自己的人就越有可能陷害自己。顺着这个线索，李主簿很容易就查到了嫌疑人。

解密复盘

陈小五别看是个二流子，办事却考虑得很周全，但是他忽略了重要的一条。店家早晨起来发现马被人杀死，赶紧一边派人去官府报案，一边叫醒李主簿，向他报告情况。李主簿听到这个消息很是吃惊，他是个冷静的人，很快便得出结论。马不是被人偷走，只是被杀死，那么凶手背后的意图很明显，就是想制造麻烦。自己远离家乡，一路上也没有和人起冲突。他询问店家有没有和自己同乡的人入住，店家就说出了陈小五。面对陈小五不肯承认，李主簿说马的伤口可以用这把短刀来对照一下，再者把短刀拿到火上烧一下，如果刀刃曾经沾过血，那么就会呈现青色。等测试完毕，陈小五就无话可说了。

躲在床底下的大盗

场景构筑

有一个小偷，从来不翻墙入户，也不溜门撬锁，最擅长的方法就是浑水摸鱼。他总是趁着哪家婚丧嫁娶、生日聚会这些热闹的时候混在人群里神不知鬼不觉地带走主人家或者是来宾的财物。这次他又赶上了一个好机会，这是一对年轻人的婚礼。新郎差猜·春哈旺家世背景不错，受邀前来参加婚宴的人数众多，这是他见过的最隆重的婚宴了。也正因为如此，门口来了不少门迎，其实是兼负保安的职责，这让他的活动受到了不小的影响。面对这种情况，他突然想到了一个好主意，就趁别人不防备偷偷溜到了新人的婚房里，心想这里值钱的东西多还比较安全。于是他就来到婚房钻进了新人的婚床底下，然后等待合适的机会满载而归。

可是他大大低估了这场婚礼的奢华，这场流水席整整持续了两天两夜。他也被迫在人家的婚床底下趴了两天两夜，这过程中虽然没有找到合适的脱身机会，却把新郎和新娘的秘密给听得清清楚楚的。一直到了第三天的晚上，他再也忍不住了，趁着新人还没进来，就不顾一切地往外冲去。他刚从里面冲出来就被外面的人给摁住了。因为经过了三天的煎熬，他的形象一看就不是宾客，倒像是一个流浪汉。但是被送到警局的小偷，仍然不肯认罪，改口说自己是新娘家里特意安排的私人医生，因为新娘身上有不便启齿的暗疾，新娘的家人担心新婚期间会闹出什么不愉快，就让他偷偷地躲在婚床底下，以便及时给予照顾。然后他又说了新娘身上很多不为人知的隐秘。为了辨明真假，警局只好派人传唤新娘来对证，却不料新郎改口说只是一个误会，这是他请来的一个宾客，因为喝多了酒才误入婚房的。也是他宴请的人太多了，那些帮忙的人认不得他，又加上天黑来不及细问才造成了这样的误会，并请求警局把这个宾客给放了。

探长知道这是新人家里怕丢了颜面，不肯让新娘出来对证。因为在他们的习俗当中，新娘子出来当堂对证是一件非常丢脸的事情，况且还是这么私密的事情。新郎和新娘又都出身有名望的家族，其家族也绝对不可能让新娘出来对质。这样一来，局面就变得非常尴尬，既然新郎已经改口要撤诉，探长就没有理由强迫新娘出来对质。但是这个浑水摸鱼的小偷是个罪行累累的惯犯，这次新郎一家主动帮他洗白，他若就此脱身，从此收手，以后再想定他的罪那可就难了。这时探长身边一个机灵的警员看到探长愁眉不展的样子，就偷偷给他出了一个主意。探长按照他说的去做，不仅保全了新人及其家族的颜面，没让新娘出面对质，而且还让那个小偷主动认罪。你能想到这是一个什么样的办法吗？

头脑机关匣

怎么才能既不让这位新娘子抛头露面，又能让这小贼乖乖认罪？推理的原点要从他跟新娘之间的关系展开。场景构筑当中交代这个小偷自己说是新娘的私人医生，但是真实情况是他并没有见到过新娘的长相。从这一点出发展开推理，相信找到一个好的办法并不难。

解密复盘

这个警员看到探长愁眉不展的样子，就建议探长在警局里找了一个跟新娘的身形有些像的女警，穿上新娘的衣服扮作新娘的样子。等到当众审判的时候，让这个扮作新娘的女警在堂上跟小贼对质。这个小偷做贼心虚，看到新娘站在那里不说话，以为是她害羞不好意思说，就装作很熟的样子跟她说：“你们简直是太过分了，这些年为了你的病我简直是操碎了心。为了你的新婚幸福，我甚至不顾自己体面，躲在屋子里随时为你用药。你竟然把我当成贼给送到了警局……”

这个贼看到面前的女人不回嘴，气焰变得更加嚣张。正当他滔滔不绝的时候，面前的女警亮明了自己的身份。刚才还口若悬河的他瞬间就哑口无言了，周围响起一阵哄笑。万般窘迫之下，小偷只好老老实实交代了自己的罪行。

谁才是贼老大

场景构筑

“靠山吃山，靠水吃水”，这句话不错。可是近山有强盗，海上会有海盗，一般的老百姓生活还是很艰难。某县的东面有匪患，县衙虽费尽心思地去剿匪，可是山高林密，哪那么容易就能清除匪患？县老爷也希望他们少做些杀人越货的勾当，让自己的政绩不那么难看。

事有凑巧，由于此县有山有水，正适合练兵。刚好县里入驻了地方军队，朝廷上让他们在此练兵。县长一看来了这么多兵士很是兴奋，正好借他们的手除去匪患，自己也是大功一件，于是便申请军队协助剿匪。上面批了下来。可是山上的匪徒听说来了部队，一连两三个月都静悄悄的，没有案件发生。眼看时间到了深秋，县长知道这些人如果不动手，在山上过冬是不可能的，于是提前在山口处布置了暗哨，随时报告消息。果不其然，这帮匪徒吃喝不济，只好冒险出来打劫，结果被官兵给包了饺子，二三十人被围在一个院子里。

这时县长已经赶到，他知道这里面有很多人是被逼迫着上山做土匪的，土匪头目是个心黑手辣的人。如果除掉了这个头目，其他人也就散了，就能彻底清除匪患。他大声对院子里的土匪喊话：“你们只要把你们的头儿供出来，并且手里没有血案，老爷我就当场放人！”可是，人群里除了有些骚乱之外，并没有任何人敢站出来。于是他大声喊了一句话，然后就发现土匪的头头了。其余的人一看匪首被抓了，纷纷缴械投降，正和县长想的一样。中间有戴罪立功的匪徒就带领官兵把他们的山寨一把火给烧了。这个地方慢慢地就没有了匪患。

头脑机关匣

从场景的描述中不难看出，由于土匪头目给他们造成的威胁感，采用正常的方法是不可能有人站出来说明真相的。化解这样的困局，最好的办法就是出其不意，让人在猝不及防的情况下把真相给露出来。想象一下，这样的方法你都知道哪些？说不定真相就在其中呢。

解密复盘

县长看到这样的情况就知道再这么问下去也不会有结果的，只能重新调整思路，换一种方法来得到自己想要的答案。沉思了一会儿之后，他趁着众人丝毫没有戒备的时候，冲着人群大喊："快散开，你们头目身上全是炸药！"话音刚落，就见人群迅速朝周围散开了，把一个满脸络腮胡子的人孤零零地留在了中间。反应过来的人刚想着有所动作，那个大汉就被闯上来的军士给按在了地上。经过审查之后，确定这个大汉就是这伙土匪的头目。

芝麻小事

场景构筑

早上县令正在看公文，堂外响起敲鼓的声音，从外面进来一位商人模样的中年人，商人跪下说：

“大人，小人是个商户，贩卖粮食的，昨天晚上自己赶马车路过一个村庄时被人打劫了，车上的粮食都被人抢走了。”

县令忙问：“看清楚什么人了吗？多少人？”

商人说：“当时夜色浓重，我被人打了闷棍，醒来后就什么都没有了，只剩下装粮食的车子。”

县令听后沉思了一会儿，让商人回去听信。这样的案子县令也觉得不太容易破。打劫的人是一个还是多个不知道，丢失的是粮食，谁家都有。就是去村子里查，也根本无从查起。所以，商人在报案后事情就没了下文。

没过几天，在原来的地点又有个贩卖芝麻的商贩路过那里，又被歹人给打劫了。案子报到官府也没有了音讯。没过几天，附近的村庄来了一位商贩，是来收芝麻的。这个商贩说南方的行情比较好，所以出的价格也高。附近的村民家里有芝麻的都想过来卖个好价格，不过，收购的商人比较挑剔，他把芝麻摊在布片上仔细地检查芝麻的品相，说是不好的不收。这个情况村民也能理解，毕竟价格高，人家挑剔也是情有可原。当一个壮汉把自己家的几袋芝麻拿出来验收时，这个商贩就问了壮汉几句话，然后就让大家报官。大家不明白怎么回事，等商贩和壮汉一起到了县衙，县令问了几句话，这个壮汉就承认了自己打劫过路商人的行为，包括上次报案的商人的粮食和驴子也是自己给打劫走的。请问，县令怎样安排的这次行动？

头脑机关匣

事情的关键就是后来被劫的那个贩卖芝麻的商贩，他的被劫是一种巧合还是有人故意为之？因为前面粮商被劫以后，侦破的难题就是普通的粮食根本无法辨认。那么这次被劫的芝麻，还会跟上次被劫的粮食一样吗？这些问题想明白了，也就等于知道县令会问壮汉什么问题了。

解密复盘

粮食不好辨认，这次的商贩是县令安排人化装的，商人车上的芝麻都加入了大量的熟芝麻。壮汉抢回家，打开袋子只是看了上面，不会检查里面的细节。当然这个收芝麻的一样是县令的手下，他在收芝麻的过程中，打开袋子摊在布片上仔细看就能看到熟芝麻，这时问壮汉，壮汉肯定回答这是自己种的芝麻，都是上好的生芝麻。那么，这个壮汉很显然就是抢劫犯。

被抓走的受害者

场景构筑

村民刘喜今天高兴，他家养的一窝猪崽出栏了。正好赶上好价格，他把猪崽卖了以后就顺便在街边找个酒馆喝了几杯酒。酒足饭饱后，刘喜醉醺醺地推着卖猪用的车子往家赶，结果路上撞到了村子里的无赖刘旺。刘旺整天不务正业，游手好闲，靠给别人打短工挣钱过日子，他基本上三天两头都是醉醺醺的，大家都习惯了。平时村民见到刘旺都躲着走，刘喜喝多了，推车子也是摇摇晃晃的，不小心碰了刘旺一下。刘旺也是不知道在哪里喝醉了，满身的酒气，车子被他给推翻到旁边的沟里去了。此时刘喜不知道哪里来的勇气，骑在刘旺身上就抡起了拳头。刘旺哪能乖乖地等着挨揍？二人就扭打在一起。正好同村的人看到后，就把二人拉开了。同村的村民还帮刘喜把车子推回了家。刘喜媳妇看见刘喜不但浑身都是泥土，脸上还有伤痕，就询问同村的人怎么回事。同村的人就告诉她刘喜和无赖刘旺打架的事情。刘喜媳妇看见刘喜还是醉醺醺的，就把他扶上床，刘喜身子挨着床就鼾声大起。

结果天还没有大亮，邻居就听到了刘喜媳妇凄厉的叫喊声。邻居们不知道发生了什么事，赶紧跑到刘喜家里查看，刘喜媳妇脸色苍白地打开房门。邻居们进屋一看，床前有两只血淋淋的脚，周围溅有很多血迹，刘喜躺在床上已然昏死过去。出现了这么严重的伤人事件，邻居们赶紧帮忙报案。

县令带仵作来到了现场勘查，刘喜媳妇此时蓬头垢面，但是衣衫还算整齐干净。她跪在旁边哭哭啼啼地说，睡到半夜时分她被一阵异响惊醒，发现半夜有人在床尾拿着斧子要砍自己的丈夫。她看到斧子当时就吓晕过去了，等到醒来后，发现丈夫不省人事，一双脚血淋淋的，被扔在床尾。县令询问看清凶手的模样了吗，刘喜媳妇说夜间看不清楚，看身形应该是刘旺。都住一个村子，虽然只是个轮廓也能从身形上看出是谁。肯定白天刘喜和无赖刘旺打了架，半夜刘旺就到家里杀人报复。

县令命人把刘旺抓到大堂，刘旺开始不肯承认。他说喝醉后二人打架是真的，但是他回家后就睡觉了，他也是早晨才知道刘喜被人砍去双脚的事情。刘旺无父无母，没有人证明当晚他不在现场，刘旺被押入大牢。此时失去双脚的刘喜已经因为失血过多死了。县令对刘喜的媳妇说：

“刘旺已被关入大牢，过几天就要被送到州里服罪。你赶紧回去安葬你的丈夫吧！”

刘喜媳妇转身离去。到了第二天，县令再次命人去传刘喜媳妇。但是这次不是简单的传唤，是押往县衙。大家都不明白，明明刘喜媳妇是受害者，怎么被押走了。

头脑机关匣

这个案子看起来好像没有疑问，嫌疑人有重大的作案动机。但是县令细心勘查发现，现场的情况不符合常理。死者是夜间被杀，不可能在陌生的环境中精准地砍掉死者的双脚还不伤及死者旁边的人。到底是刘旺杀了刘喜，还是有人想栽赃给刘旺？为什么要栽赃呢？背后肯定有阴谋。到底什么人能清楚地把握好刘喜与人起冲突后杀了死者呢？死者的死会给谁带来利益呢？这些都是县令查案的方向。

解密复盘

县令勘查现场时发现，死者的双脚在地上，地上的血迹比较多，墙上几乎没有被溅上血迹。夫妻两个睡在一起，但是看见刘喜媳妇身上居然没有沾上血迹。这些都不符合实际情况。刘喜媳妇虽然哭得撕心裂肺，但是对话中县令发现刘喜媳妇遇到丈夫被人砍死的这种状况居然思维清晰。在现场，县令就怀疑这个女人不简单，背后肯定有故事。所以县令命人跟在刘喜媳妇身后，结果发现刘喜媳妇出了大堂，在回家的路上碰到一个年轻的和尚。刘喜媳妇轻声地说：

“别担心了，刘旺被抓起来了，我没事。”

和尚听她说完转身离去，跟踪的人就把这个和尚带回了县衙。县令一审问，结果是和尚和刘喜媳妇有奸情。趁夜间刘喜酒醉睡着后，和尚就砍下了刘喜的双脚，然后二人商议把杀人的罪名嫁祸给白天与刘喜发生冲突的无赖刘旺身上。

谋害青蛙的证据

场景构筑

青蛙是益虫，农田里有青蛙可以减少农作物的虫害。州里重新贴出告示，禁止百姓捕捉青蛙，如有违反者依法惩处，绝不姑息。鼓励大家互相监督，举报如果真实，官府予以奖励。

但是有一些人喜欢吃青蛙，有需求就有人冒险捉青蛙用来换钱，所以官府还是抓到一些投机倒卖青蛙的人。

某天知州正在堂上，就见看守城门的士兵押着一个农夫来到堂上。这个农夫身上还背着个箩筐。知州看到就询问怎么回事。守门的士兵说道：

“大人，这个人太可恶了。您三令五申地下令不让捉青蛙，这个人居然明知故犯。”

知州看了一眼堂下，背筐的农民此时在堂上似乎很是害怕。看得出他平时就是个胆小的人，此时到了大堂，不自觉就跪了下来：

“大人，小民知错了，您就饶了我这一次吧。我以后不敢了。我对天发誓，就捉这一次。”

知州看农夫的表情，感觉此人相貌老实，应该不是奸诈之人。他走到农夫的面前对士兵说：

“你们搜到证据了？青蛙在哪里？”

知州明明看见筐子里就是三个西瓜，没有看到青蛙。士兵让农夫放下背筐，接着他拿起一个西瓜，用手揪起瓜蒂的部分，居然是切开的。士兵说：

“大人您看，这个农夫太狡猾了，居然把西瓜蒂的部分用刀打开，把瓜瓤掏空。您看，这西瓜肚子里有很多青蛙。”

知州探头一看，西瓜瓜瓤的部分被掏空了，里面都是青蛙。看到这里，知州真是暗暗称奇，一般人可想不出这样的点子。看着眼前的农夫，知州觉得事情不是自己想得那么简单。他询问农夫：“这些青蛙是怎么来的？是你一个人捉的吗？”

农夫回答道：

“是小人一个人捉的。”

知州接着问：

“你捉青蛙，有谁知道吗？”

农夫低声回答：

“小人知道官府禁止捕捉，所以自己一个人偷偷捉的，只有小人的妻子知道。”

县令接着询问：

“你要如实回答，你是什么时间捉的青蛙？可有人看见你捉青蛙？”

农夫毕恭毕敬地回答：

“小民是半夜时分去田地捉的，没有人看见。”

县令又问：

“把青蛙装在西瓜里，是你想的办法吗？”

农夫说道：

“小人起初不敢违法去捉青蛙，但是小民的妻子想让我多换些钱补贴家用，说城里有人想吃青蛙，能卖到好价钱。把青蛙藏在西瓜肚子里，是妻子告诉我的方法。”

县令听到这里心中就暗自疑惑，他怀疑农夫的妻子与人私通，派人把农夫的妻子传到大堂上审问，果然如此。奸夫想谋害农夫，唆使农夫妻子让农夫去捉青蛙，又让农夫妻子教农夫怎样把青蛙藏在西瓜肚子里。最后奸夫算好了时间，在城门口提前向守门的士兵举报。因为农夫被捕入狱，正好成全二人的私情。县令查明真相后，依法惩治了这对奸夫淫妇。看县令审案的僚属和捕快对县令钦佩极了，县令心思缜密，洞若观火，通过西瓜腹藏青蛙的事件背后能发现这么隐秘的事情。

头脑机关匣

当知州看见秘藏的青蛙被守门的士兵发现时，就在考虑：什么情况下才能发现农夫的秘密？这绝对不是一个巧合，肯定是有人背后设好了圈套，让农夫往里面钻。其实也就是想让农夫被官府发现，借助官府的手达到自己的目的。那么什么人想陷害农夫呢？上面场景构筑中就能明白发现问题的所在。

解密复盘

县令通过询问感觉农夫是比较老实的人，把青蛙藏在西瓜肚子里的想法本身就不简单，一般来说不容易被守门的士兵发现，但是士兵恰巧就发现了并把他带到了州府，那就说明提前有人向守门的告密，想借助官府把农夫抓进大狱。整个捉青蛙、藏青蛙的过程都是农夫的妻子指示交代的。县令怀疑其妻受人指使，很可能就是这个女人背后有不可告人的秘密。

真假情郎

场景构筑

临海富足之家蓝家，这天来了一对远房亲戚。许久未见的亲戚，见面很是高兴，蓝员外自然要热情招待，结果大家都喝多了。等客人酒醒以后，天色已晚，蓝员外就收拾了自己女儿的房间给这对夫妇住宿。

第二天早饭时间到了，还不见夫妇二人起床。蓝员外就过去叫门，结果推开房门一看，屋子里都是血，这对夫妇被人砍掉了脑袋双双死在床上。蓝员外当时就吓得大叫起来，家人看后赶紧去衙门报案。

县令来到案发现场，他仔细查看死者，发现这是一对年轻的夫妇。夫妇俩死得太惨了，两个人的脑袋都被割掉了，滚落在地上。但奇怪的是房间并不凌乱，也没有东西丢失。县令问蓝员外："你可有仇家？"蓝员外表示自己性格不强势，从未与人结怨，这对夫妇从外地来到自己家中不过一天时间，也没听说他们有仇家。县令心想，杀人者没有拿走屋子里的财物，一般来说，不是仇杀就是情杀。县令想了一会儿问道：

"蓝员外，客人居住的可是客房？"

蓝员外回答道：

"客房没有收拾，放了杂物无法居住，这是小女的房间。昨晚小女去了别处歇息。"

蓝员外看着面前的女孩子，年龄也就十六七岁，长得水灵漂亮。家里出现了命案，把这个女孩子也吓得不轻。县令把闲杂人员支开，严肃地说：

“家里出现了命案，你要说实话，你的情郎是谁？”

女孩子脸当即通红起来，哭泣着说道：

“上个月有次在大门口，我看见一个路过的书生。这个书生文质彬彬、相貌俊朗，我对他有好感，也心仪这样的男子。过了没几天，我和之前认识的一位媒婆聊天时，那个媒婆正好提起这个男子，说他是位秀才，是到咱们这里的学馆来教书的。他正好是媒婆娘家的邻居，媒婆察觉我对这位秀才有好感，就答应替我去说媒。我还送了媒婆一些首饰，希望她为我美言。”

县令听到这里继续询问：

“后来怎样了？”

少女脸色通红、满面羞愧：

“过了没几天，那个秀才就晚上过来找我，说对我也有好感。我们情投意合，最近他经常晚上来我这里。”

县令命人带来这位秀才，询问秀才，秀才答道：

“之前确实有媒婆来提亲，提到了这位姑娘。但是父母不在本地，我现在是客居他处，就暂时没有答应这件事情。我也从来没有见过这位姑娘。我是个读书人，怎么可能做夜入民宅、诱奸少女的蠢事呢？”

姑娘听到这里，见秀才不肯承认，顿时眼泪就流下来了。她不停地哭泣，觉得自己碰到了负心汉。县令思索了半天，询问属下：“你们调查一下，媒婆有没有儿子？儿子年龄几何？”

有人说：“回大人，媒婆有一儿子，年龄和这位秀才相仿。”

县令顿时眼前一亮，命人把媒婆的儿子抓了起来，他说：

“媒婆的儿子才是杀人犯，夜入姑娘房间的男子不是秀才，是媒婆的儿子。”

等开庭审讯时，媒婆的儿子刚开始还不肯承认，最后姑娘说男子右手臂处有个伤疤。县令命人撸起了男子的袖子，露出右手臂，果然看到了伤疤。

媒婆的儿子一见不能抵赖，就承认自己杀了人。原来媒婆的儿子听见媒婆说这位姑娘对那位秀才倾心，就起了色心。他夜里来到姑娘的房间，冒充秀才与姑娘约会。姑娘以为这就是自己日夜思慕的秀才，便以身相许，二人经常夜晚在姑娘房间幽会。这天夜晚他又潜入姑娘的卧室，原本打算和姑娘继续欢爱，结果看到床上躺了两个人，他以为姑娘又有了新的情人，一气之下把二人的脑袋给割了下来，然后趁夜逃走。案子终于真相大白，很多人不明白，县令只是听说媒婆有儿子，怎么就知道他是凶手了呢？

头脑机关匣

县令勘查现场发现，死者夫妇死亡的地点是少女的闺房，有谁对少女的闺房比较熟悉呢？少女指认的情人，经过调查并不是她朝思暮想的秀才，那么夜晚经常来幽会的男子为什么假冒秀才的名字呢？又有谁清楚冒用秀才的名字比较容易得到少女的芳心呢？顺着场景构筑中的描述，就能查到案子的关键人物，同时也能猜出这对夫妇为什么会被杀害。

解密复盘

县令询问秀才，秀才说从来没有见过这个姑娘，更没去过她的家中。县令就想，只有媒婆知道姑娘的心思，知道姑娘思念这个秀才。那么最大的可能就是媒婆把这件事情告诉给了儿子，儿子惦记姑娘的美色，所以夜入姑娘的卧室时骗姑娘说自己就是秀才。因为姑娘担心父母知道自己和男子有私情，晚上约会只靠月光，并没有点亮烛火，她一直以为每晚相见的就是日思夜想的秀才。

棺材里的秘密

场景构筑

佛莱特带着一帮属下外出办案一月有余，刚把案子弄清楚就马不停蹄地往回赶。他们接到通报，说他们不在的这段时间，附近接连发生了好几起抢劫案。事情到现在还没有眉目，局长让他们赶紧回来接手。虽然刚刚下过雨，道路有些泥泞，但是一心想着抢劫案的佛莱特还是不敢耽搁。一帮人在泥泞的道路上催马前行，经过了半天的跋涉之后，前面的道路变得好走了不少。因为从这里往前都是沙土路，虽然同样经过了一场大雨，但是沙土地的路面却好走了许多。

佛莱特正要告诉下属们加快前进速度，就看见迎面过来一群送葬的人。前面一匹健壮的黑马拉着一辆大车，车上放着一副薄皮棺材。马拉着车在雨后的沙土路上走得有些吃力，车后留下两道深深的车辙。在马车的后面跟着十几个一身孝服的青壮男人，低着头默默地走着。没有人抬头，也没有人说话。除了拉着马车的马夫不时发出一声吆喝马的声音之外，就只剩下车轮碾过沙土地的沙沙声。看到这支送葬的队伍，佛莱特一行人自动地朝边上让了一下，让他们先行通过。死者为大，佛莱特和下属们把马让在一边，目送着这支送葬队伍远去才继续往前赶路。才走过去几分钟的时间，骑在马上的佛莱特突然大叫一声：

“不好，赶紧回去追上那帮送葬的人。”

没过多久，他们就追上了那帮送葬的人，骑警把车后这帮年轻人团团围住。佛莱特让人把棺材打开，发现里面装的根本就不是尸体，而是武器和一些抢来的财物。原来，这帮强盗在这里连续几次作案得手后就准备换一个地方，但是一帮青壮年男子带着这么多抢劫来的财物还有武器走在路上太引人注意，就想出了这个办法。他们自以为这次万无一失，结果还是被骑警发现了。而偶然中抓住了强盗团伙的佛莱特也是深感后怕，要不是自己突然之间想明白的话，还没准就真的让他们给逃脱了。那么，佛莱特警长想到了什么呢？

头脑机关匣

一些线索都在场景构筑当中。想象一辆拉着一具尸体的马车与一辆拉着金银珠宝和武器的马车走在刚下过雨的沙土地上会有什么样的区别？再想想，如果要把一个人的尸体运回遥远的故乡安葬的话，扶灵返乡的队伍应该是什么样子的？如果要在近处将死者安葬的话，那送葬的队伍又应该是什么样子的？带着这些思索再回想一下场景构筑当中的细节，就不难发现问题所在了。

解密复盘

当佛莱特带着骑警们闪在两边为死者让路的时候，无意中发现马车在沙土地上留下了深深的车辙。佛莱特当时以为这是刚刚下过雨的缘故，也没有多想。但跟在后面的那些穿着孝服的人慢慢走过的时候，佛莱特总是有种怪怪的感觉，但是又想不出是哪里不对。后来正在纵马疾驰的他突然想到，如果这是要送死者还乡的话，根本用不着这么多的人；如果是要在近处将死者安葬的话，这个队伍里面竟然没有一个女士、孩子和老人。而且从他们远远走来，一直到慢慢远去，始终都没有听到哭泣的声音。又想到马车在沙土地上留下的车辙，佛莱特就感觉到事情不对了。再联想到要他们着急回去处理的那些抢劫案，所有的线索综合到一起，他终于想明白了：这些强盗是在转移，抢来的财物和武器就在刚刚过去的那辆车上！

缺失的证据链

场景构筑

大侦探西蒙是一家私人侦探社的老板，在开侦探社之前就是警界赫赫有名的神探。虽然他现在经营侦探社，但是以前的那些老同事遇到不好解决的案子还是找他来帮忙。这天因为自己手头的一起案子，西蒙需要到警局去备案。在办理手续的时候，西蒙遇见之前的同事，现在的高级警司霍尔斯。刚好他们正在讨论一桩凶杀案，在跟西蒙打过招呼之后就邀请他加入他们的讨论。这也不是第一次了，西蒙没有推托。反正自己的事情办手续还需要等上一阵子，不如就趁这个机会跟他们一起讨论一下案情，说不定会对以后办案有所启发呢。

这桩发生在一个月前的命案其实并不复杂，死者是一个年轻的女子，全身有多处钝物击打造成的伤痕，而致命伤在胸口，胸部被一利器刺穿。桌上摆着现场拍摄的死者照片，死者前胸位置有一个窄窄的伤口，切口整齐。目测伤口的宽度不超过一寸。所幸的是，没到一个月的时间，他们就把嫌疑人抓捕归案了。嫌疑人是一个年轻男子，是死者的男朋友。经过几天集中审讯，嫌疑人已经认罪，后来又在嫌疑人的家中搜出了一把砍刀。嫌疑人交代这把砍刀就是他杀害死者的凶器。现在这个案件已经到了结案的时候，凶手到案并认罪，找到了凶器，凶手也交代了作案的动机。他交代之所以要杀了她，是因为自己太爱她了，她突然提出要分手自己接受不了，这才在冲动之下杀了她。

西蒙坐在一边静静地听他们讨论着案情，在他们轮流发言的时候一直把目光紧紧地盯在桌面的几张现场照片上。死者的伤口、现场的环境、嫌疑人的照片，还有作为凶器的那把砍刀。目测刀身长有两尺半，刃宽半尺有余，刀刃处闪着寒光，透着森森的凉意。一直等到会议结束，西蒙走到一边悄悄跟霍尔斯说：

“听着伙计，我知道你们都急着结案，但是事情真的不像我们现在看到的这样。我不知道那个年轻人到底为什么会认罪，但是他说的并不是事实。如果你们不想在这件事情上犯错误的话，你真的应该重新考虑这个案子。”

那么，西蒙到底是想明白了什么，才这么坚定地认为这个案子肯定是哪里出了问题？

头脑机关匣

西蒙之所以认为目前的结论很可能会让他们犯错误，原因就是现在这个结论的推理链条无法成立。两个因素分开来单独考虑的话，看不出来有什么不妥的地方，但是要将这两个独立的因素连成一个推理链条的话，就会发现这里面存在着很大的漏洞。从场景构筑的细节当中把它们找出来吧，若能找出来，那就说明你也已经具备高超的推理能力了。

解密复盘

在霍尔斯他们讨论案情的时候，西蒙一直在安静地盯着桌上的几张照片看。从照片上可以看出，死者虽然全身有多处被钝物击打造成的伤痕，但是她的致命伤却是胸前被利器刺穿的那处伤，而且伤口的宽度不超过一寸。但从桌上的另一张照片中可以看到作案的凶器是一把寒光闪闪的大砍刀，刀身宽度超过了一尺。这样的一把砍刀是不可能在死者的前胸扎出一个宽度不足一寸的伤口的。除了尺寸之外，死者身上的伤，除了被钝物击打留下的伤痕，就是那个被扎的伤口，没有一处伤口是被砍刀砍出来的。这样的情况，无论其他的推理多么严谨，也不管嫌疑人有什么样的作案动机，这当中肯定还会有诸多的隐情，这时候就仓促结案，肯定是要犯错误的。